山西省社科联 2023—2024 年度重点课题

课题编号：SSKLZDKT2023216

推动晋商优秀传统文化在山西省企业经营管理中创造性转化研究

王 飞 著

东北大学出版社

·沈 阳·

图书在版编目（CIP）数据

推动晋商优秀传统文化在山西省企业经营管理中创造
性转化研究 ／ 王飞著. — 沈阳：东北大学出版社，
2024.4
ISBN 978-7-5517-3520-9

Ⅰ. ①推… Ⅱ. ①王… Ⅲ. ①晋商－商业文化－应用
－企业经营管理－研究－山西 Ⅳ. ①F279.272.5

中国国家版本馆 CIP 数据核字（2024）第 082341 号

出 版 者：东北大学出版社
　　　　　地址：沈阳市和平区文化路三号巷 11 号
　　　　　邮编：110819
　　　　　电话：024-83683655（总编室）
　　　　　　　　024-83687331（营销部）
　　　　　网址：http://press.neu.edu.cn
印 刷 者：辽宁一诺广告印务有限公司
发 行 者：东北大学出版社
幅面尺寸：170 mm×240 mm
印　　张：11.75
字　　数：211 千字
出版时间：2024 年 4 月第 1 版
印刷时间：2024 年 4 月第 1 次印刷
策划编辑：曲　直
责任编辑：高艳君
责任校对：孙德海
封面设计：潘正一
责任出版：初　茗

ISBN 978-7-5517-3520-9　　　　　　　　　　定　价：59.00 元

内容提要

明清时期，晋商作为当时十大商帮之首，经营业务众多，经营范围广阔，形成了为后世所推崇的晋商文化。晋商的经营制度文化、晋商的经营艺术、晋商精神、晋商的商业技术、晋商的会馆文化等构成了晋商优秀传统文化的核心内容。山西省企业经营管理过程中还存在很多问题，解决这些问题必须合理利用晋商优秀传统文化。本书通过对晋商文化的挖掘，以晋商优秀传统文化的主要内容和精神为基础，将晋商优秀传统文化应用于山西省企业经营管理的各个方面。需要选择合理的企业形式，创新企业的管理模式，打造良好的企业文化，建设良好的企业形象，树立正确的价值观，制定正确的经营战略，建立健全并落实企业的管理制度。通过进一步提高山西省企业经营管理水平，推动山西省企业又好又快发展，为实现山西省经济高质量转型发展作出应有贡献。

前 言

明清时期，晋商纵横欧亚九千里，称雄商界五百多年。晋商的崛起和兴盛与其优秀传统文化密不可分。晋商优秀传统文化与晋商的实际商业运作密切相关，是指导晋商经营管理、发展的文化思想和商业思想。晋商优秀传统文化包括晋商商业经营过程中产生的创业创新精神、商业运作模式、股权结构、用人管理机制、组织制度、人文素质等。随着时代的发展，晋商优秀传统文化体现出新的价值与作用。目前山西省企业经营管理中遇到的各类问题、矛盾等，均可借鉴晋商优秀传统文化中蕴藏的智慧，寻求最佳的解决措施。我们需要把晋商优秀传统文化中的决策、管理、监督、控制等应用到山西省企业经营管理中，提升山西省企业经营管理水平，促进山西省企业更好、更快地发展，助推山西经济转型升级。

习近平总书记首次提出了"推动中华优秀传统文化创造性转化、创新性发展"的科学指导理念和划时代的任务。创造性转化是将原有的文化内涵和具有参考价值的表现形式进行时代改造，赋予其新的时代内涵和现代的表现形式，促使其富有时代气息，使其在当代仍具有旺盛的生命力。晋商优秀传统文化的创造性转化主要是将晋商优秀传统文化与中国特色社会主义先进文化相结合，取其精华，将其应用于实际，服务于实践，为山西省企业经营管理，为山西省社会和经济发展提供文化营养和智力支持。

本书共分为六大部分。第一部分为导论，主要介绍本书研究的背景、意义，研究方法以及国内外相关研究评述。第二部分介绍晋商文化的缔造者——晋商，主要对晋商的起源、晋商的发展与兴盛过程、鼎盛时期晋商的特征进行了阐述。第三部分介绍晋商优秀传统文化，主要对晋商优秀传统文化给出了定义，并从晋商的经营制度文化、晋商的经营艺术、晋商精神、晋商的商业技术、晋商的会馆文化等方面对晋商优秀传统文化的内容进行了详细阐述。第四部分阐述山西省企业发展状况、存在问题及成因。第五部分阐述晋商优秀传统

1

文化对政府向企业调控管理的启示，认为政府应该吸取优秀传统文化的营养，在企业调控管理中有所作为。第六部分阐述晋商优秀传统文化在山西省企业经营管理中的创造性转化，对晋商优秀传统文化在山西省企业经营管理中的具体应用进行了详细论述。

党的二十大报告指出，中华优秀传统文化源远流长、博大精深，是中华文明的智慧结晶。我们必须坚定历史自信、文化自信，坚持古为今用、推陈出新。因此，我们必须坚定晋商文化自信，针对山西省企业经营管理以及山西省经济转型发展、转型升级过程中出现的问题，深入推进晋商优秀传统文化创造性转化，为山西省企业经营管理水平的进一步提高，为山西社会和经济发展作出应有的贡献。

目　录

第一章 导 论

随着我国科技实力的不断提高，我国与发达国家在技术上的差距逐步缩小，我国社会经济发展的瓶颈很大程度上已经变成了管理。从企业角度，管理是促进企业发展不可或缺要素的思想已经被普遍接受，各类企业对于管理的重视程度纷纷加强，管理不再被当作一种摆设，开始真正为企业创造效益。然而，企业管理作为一门外来学科，其理论依据均建立在发达国家学者以西方企业为研究对象的基础上，欧美企业与我国企业具有很多不同的特点，这就要求我国企业管理理论研究者和实践者必须进行必要的判断，以决定哪些企业理论与我国企业具体情况相适应。晋商作为我国历史上最成功、最负盛名的商帮之一，有丰富的管理实践和经验，这无疑会给我国企业尤其是山西省企业巨大的启示，我们需要把晋商优秀传统文化在山西省企业经营管理中创造性转化，健全山西省企业管理制度，创新山西省企业管理模式，提升山西省企业管理水平，树立山西省企业形象，打造山西省企业优秀的企业文化。

一、研究的背景与意义

（一）研究的背景

晋商纵横商界五百多年，不仅在国内，在世界经济史上也占有一定地位。晋商可以和意大利商人、犹太商人并称，这足以看出晋商在世界经济史中举足轻重的地位。晋商能够称雄商界数百年而不衰，有地理、历史等客观因素的影响。然而，在晋商发展过程中主观因素更为重要。晋商的成功与其形成的优秀文化是分不开的。晋商优秀传统文化中的经营思想蕴含着几代晋商人在经营过程中的经验总结，是他们的智慧结晶。晋商优秀传统文化不仅促进晋商取得商业上的成功，也丰富和发展了中国的商业文化。

党的二十大报告指出，中华优秀传统文化源远流长、博大精深，是中华文明的智慧结晶。我们必须坚定历史自信、文化自信，坚持古为今用、推陈出新。当前山西省企业经营管理中存在很多问题，我们在积极借鉴西方先进经济理论的同时，还要发掘和认识晋商优秀传统文化，在继承古人经验智慧的前提下推陈出新，让晋商优秀传统文化焕发出新的生机。晋商优秀传统文化成就了晋商的成功，分析晋商传统文化的精华，不论是对于过去的晋商还是对于当今山西省企业都具有极其重要的价值。立足当代，通过学习借鉴晋商优秀传统文化，借鉴前人留下的丰富经验，我们研究的视野将更广阔，在传承中华民族优秀传统文化的同时，又赋予其新的时代价值。

（二）研究的意义

1. 理论意义

晋商文化是指在中国儒家思想影响下，起源于山西的商业文化。晋商优秀传统文化是山西商人集体智慧的体现。晋商为后人在经营管理、职业道德、竞争价值观等方面树立了榜样。研究晋商优秀传统文化能够丰富和完善对晋商的研究。在中国历史上，晋商兴盛了数百年，在明清两代尤为辉煌，经营范围和贸易活动已经远涉海外，在世界商业史中都能占得一席之地。晋商取得的巨大商业成就与其传统文化的指导密不可分。研究晋商优秀传统文化对开拓马克思主义经济学研究的新领域具有重要意义。因为马克思主义没有专门论述市场经济和道德建设方面，这些方面只散见于一些著作中。晋商优秀传统文化对于义利问题的看法是先义后利、诚实守信，这一系列优秀商业道德观可以丰富马克思主义经济思想这一方面的研究。因此，对晋商优秀传统文化的研究在开拓马克思主义经济思想研究视野方面具有重要意义。与此同时，这一研究对于丰富我国传统管理思想、理顺我国本土管理体系、弘扬中华优秀传统商业文化也有重要的理论意义。

2. 实践意义

晋商优秀传统文化与晋商的实际商业运作模式密切相关，并成为指导晋商经营管理、发展的文化思想和商业思想。晋商优秀传统文化包括晋商商业经营过程中产生的创业创新精神、商业运作模式、股权结构、用人管理机制、人文素质等。晋商优秀传统文化成就了明清两代山西商人长达五百多年的辉煌历史。随着时代的发展，晋商优秀传统文化体现出新的价值与作用。现代企业管理涉及企业发展战略、企业文化构建、运营管理、人力资源管理、市场营销等企业的各个方面，然而现代企业管理理论均源自西方，西方的很多管理经验和理论并不能很好地与我国企业相适应。晋商文化作为根植于我国传统文化土壤中的商业文化，在几百年的历史中得以不断完善和实践，其对于自家商号的各方面管理是基于中国人的心理。目前山西省企业经营管理中遇到的各类问题、矛盾等，均可借鉴晋商文化中蕴藏的智慧，寻求最佳的解决措施。我们需要把晋商优秀传统文化中的决策、管理、监督、控制等管理文化应用到山西省企业经营管理中，提升山西省企业经营管理水平，促进山西省企业更好、更快地发展，助推山西经济转型升级。

二、国内外研究评述

（一）国内外关于晋商、晋商文化的研究

晋商以票号闻名于中国乃至世界，于是最早研究晋商的内容便集中于票号的研究。1905 年，英国传教士艾约瑟撰写了《中国银行与物价》一书，在其中专门设置了"山西票号"一节，这是最早研究晋商的文献。1912 年 8 月 16 日发表于《新闻报》的文章《票商顾全大局》已开始关注晋商商业票号的运作。1917 年，曾任蔚丰厚分号经理的李宏龄出版了《同舟忠告》《山西票商成败记》两书，成为研究晋商的一手资料。1923 年，马寅初在文章《吾国银行业历史上之色彩》中对票号进行了专门论述，对其历史贡献给予了充分肯定。1937 年和 1944 年，陈其田的《山西票庄考略》和卫聚贤的《山西票号史》分别出版，这是中国学者关于山西票号最早的史料性研究成果，成为前期研究晋商最重要的史料。从 20 世纪 60 年代开始，中国人民银行山西省分行、山西财经学院开始大量搜集关于清代山西票号的历史资料，历经近 30 年的努力终于在 1990 年出版了关于票号的巨著——《山西票号史料》，全书共计约 120 万字，在极大程度上填补了票号研究史料的空白，在研究领域具有极重要的历史地位。至此，晋商的史料挖掘工作基本结束，众多学者将视角转向其应用开发领域。

1991 年，孔祥毅与张正明合作的《山西商人及其历史启示》发表，独树一帜地提出明清山西商人吃苦耐劳、大胆创业的精神和历史贡献，有力地批驳了"山西经济落后是历史积淀"的观点，受到中共山西省委的高度重视。至此，晋商研究打破"学术派"范式，走向了知识界和行政干部中，对振兴山西经济具有积极意义。1995 年，张正明在《晋商兴衰史》一书中首次将晋商

的经营管理制度加以总结概括，主要提出了经理负责制、学徒制、人身顶股制、订立号规和账簿制度等。他提出，经理负责制是指财东在聘用经理之前要对其进行严格的考察，一旦决定聘用则财东将资本、人事全权委托给经理负责。学徒制是指晋商企业学徒的录用十分严格，学徒须有担保人，学徒进入后要进行多方面的培训。人身顶股制是指山西商号中的掌柜、伙计，虽无资本顶银股，却可以自己的劳动力顶股份，与财东的银股一起参与分红。晋商号规严格，无论经理、伙计、学徒，均须遵守。孔祥毅、张正明两位教授是我国研究晋商的权威，其学术成果为后来的学者提供了重要借鉴。

刘建生在《晋商研究》中从组织、人事、资本运营、营销和信息交流等方面对晋商企业经营管理进行了分析，并对经营人员选择和企业激励机制两方面进行了重点分析。他认为，晋商能够真正注重并有效选用合格的经营人员与晋商企业的所有权结构紧密相关。他还指出，晋商企业由于缺乏外部所有人的制约，企业的生命力有限，企业在后期发展的动力不足。身股股数增加导致一些银股者产生抽走资金的想法，由于资本的重新注入难度较大，所以顶身股（人身顶股）制度的实施对企业发展不利。

高春平、岳巧兰在《明清晋商股份制浅析》一文中谈道，股份制是晋商在当时激烈的商业竞争中不断发展壮大，并成为当时中国最大商帮和国际性商人的重要因素之一。但是，晋商的股份制未脱离封建经济的范畴，未能发展成现代股份制度，而且十分保守。文中还强调指出，股份制作为资本的一种组织形式，只是一种社会化大生产时代良好的生产经营制度，与整个社会政治、经济制度息息相关。任何一种制度都必须有与之相配套的机制和社会环境。

林柏的《清代晋商股份制新探》在简要介绍晋商股份制的基础上探讨了晋商企业内部治理结构的有效性和局限性，以为今用。作为晋商独具特色且行之有效的人身顶股制，诸多学者对其都有较高的评价。李勇的《从山西票号看我国股权激励制度》认为，山西商人在人事劳资上首创的身股制是一项协调劳资关系、调动工作积极性的办法。这可以说是我国最早的管理层和员工持股案例。由此得出相关结论：在充分实行两权分离的基础上，经营者和所有者并不是完全对立的，而是可以通过某种手段巧妙地把他们整合起来，使其达到同步最优。

国外关于晋商各领域研究最多的是日本学者。20世纪60年代，在日本晋商研究界相继出版了一些关于山西商人的论著、论文和调查资料。从那时起，对晋商的研究越来越多。如寺田隆信的《山西商人研究》，佐伯富的《清朝的兴起与山西商人》、《清代山西商人和内蒙古》以及《山西商人的起源和沿革》等论著。这些论著对晋商的起源、雏形、发展、辉煌以及最后的没落及其各时段的社会背景都作了细致且系统的研究，阐明了晋商的经营业务、活动范围和资本获利等情况。

关于晋商文化的研究，孔祥毅在《晋商学》中指出，晋商文化就是山西商人在历史过程中创造的物质和精神财富，并由此形成的商业文明体系。张正明的《试论明清晋商文化》认为，晋商文化是社会经济与文化发展的历史大背景下的产物，由于晋商经营活动中经营价值观与行为规范的需要而产生了晋商文化，晋商文化随着晋商经营活动的扩展而发展。1996年，葛贤慧在《商路漫漫五百年——晋商与传统文化》一书中将晋商的成功与黄土高原文化联系起来，第一次从文化的角度论述晋商。1998年，张正明在《晋商与经营文化》一书中将晋商伦理与晋商经营艺术相联系，较早地提出了晋商伦理、晋商精神等内容。

在新时期，学者们除了对原有的重点内容进行研究外，也对晋商与法制、晋商与教育、晋商家族和人物、晋商文化的传播等方面进行了研究。王继军、何建华在《晋商诚实信用法律文化特点研究》一文中从法律角度阐述了晋商的诚信。张正明在《明清晋商及民风》中对晋商教育进行了深刻论证，包括基础教育和商业教育两部分。申小玉的《论晋商文化的传承与发展——传播学视野中的晋商文化》从传播学、应用文化传播、大众传播等相关理论的角度，通过对晋商文化的反思和借鉴，研究了晋商文化的传承与发展。高倚云的《明清晋商文化传统、制度绩效与路径依赖》从制度变迁的路径依赖理论出发，论述了儒家文化影响下形成的晋商的独特文化传统。岳彩变在《浅析明清时期晋商经营制度》中，从明清时期山西商人实行的良好的商业道德体系、山西商人的内部经营管理制度、晋商人的家庭管理制度等方面深入分析山西商人的商业体系。

关于晋商文化在商业管理中的运用方面，刘建生在《论传统文化在商业运营中的作用——以晋商与徽商经营管理比较为例》中认为传统文化对人们的经营理念有着深厚的影响，晋商的管理模式和特定的约束激励机制为现代企业管理和经济发展提供了可利用的资源。李媛在《晋商文化在现代企业管理中的融合与应用》中认为，要从晋商文化中吸收养分，为现代企业管理提供思路和方法，需要建立完善的管理体系，坚持以人为本、诚信为先、内部控制、文化建设的管理理念，实现晋商文化和现代企业管理的有效融合，促进企业发展。

（二）国内关于山西省企业经营管理的研究

郑劲栋在《山西家族企业管理创新研究》中认为，山西家族企业在数量上已经得到发展，但是企业的规模和经营范围还比较小，大多处于初级发展阶段。另外在管理创新上，山西家族企业取得了一些成就，但是整体水平比较低，还需要加大管理创新的力度，使企业得到更好的发展。在山西家族企业管理创新的对策及建议上，分别从企业自身管理创新和企业外部环境支持两个角度予以论述。其中企业自身管理创新方面是重点，具体从管理观念创新、管理制度创新和组织方法创新三个方面提出了实施对策。

鲁效伟在《山西中小企业成长因素及管理对策研究》中认为，山西中小企业已经成为山西国民经济的重要支撑力量和持续快速发展的动力源、增长点。随着知识经济和经济全球化的发展，所有企业都面临技术、人才、质量、品牌、文化、信用等方面的全面竞争，山西中小企业还存在创新水平低、管理能力匮乏、信用较低等问题，山西中小企业必须逐步提高企业素质。山西中小企业要实现持续成长，需要进行有重点的企业管理活动。

关军祥在《山西中小企业转型发展对策研究》中认为，山西中小企业转型发展面临的困境主要表现在三个方面：第一，政策环境产生的转型障碍；第二，社会环境造成的转型发展约束；第三，企业自身短板造成的转型困难。影响山西企业转型发展的关键因素主要是：政策环境因素对企业转型发展具有积极推动作用；行业发展状况影响企业转型发展的方向；中小企业要实施转型升级必须有企业家的指导和强大的人力资源，中小企业转型发展是通过技术积累不断提高技术密集程度和技术水平的过程。山西中小企业转型发展的具体对策是：第一，转变政府职能；第二，调整产业结构；第三，塑造企业家精神；第四，加强人才队伍建设；第五，提升自主创新能力。

三、研究方法

研究方法包括文献研究法、历史分析法、实地调研法、归纳总结法。通过学校图书馆、网络电子资源，收集、阅读相关文献资料，运用历史分析法对晋商优秀传统文化进行提炼总结。通过对山西省企业的实地调研走访，运用座谈访谈、问卷调查、专家调查、抽样调查等方法面对面收集山西省企业调研数据，提高数据时效性。运用山西统计年鉴中不同年份企业发展数据以及调研数据，进行量化统计分析，提高数据分析的科学性。归纳总结晋商优秀传统文化如何在山西省企业经营管理中创造性转化。

四、本书创新之处

本书的创新有两点。一是内容上的创新。本书将晋商优秀传统文化进行了体系概括。通过对山西省企业发展状况进行分析，认为山西省企业经营管理中存在很多问题。我们需要把晋商优秀传统文化在山西省企业经营管理中创造性转化，选择合理的企业形式，创新企业的管理模式，打造良好的企业文化，建设良好的企业形象，树立正确的价值观，制定正确的经营战略，建立健全并落实企业的管理制度。二是方法上的创新。将历史分析法应用其中，坚持文献研究和实地调研相结合，在发现文献观点相冲突时，保持一种历史的观点来分析和评判。

第二章　晋商文化的缔造者——晋商

晋商的发展是一个较长的历史过程，在此过程中形成和积淀了丰富的文化，为今天的经济研究提供了深厚、广泛的研究内容。今天，研究晋商优秀传统文化对于企业经营管理、经济发展、社会进步具有很强的现实意义。研究晋商优秀传统文化必须先从晋商入手进行层层推进的分析。

山西商人经商的历史很久远，真正兴盛起来则始于明代，盛于清代。明清时期，随着社会商品经济的发展，中国大地上相继出现了许多商帮，如山西商帮、徽州商帮、山东商帮、江右商帮、洞庭商帮、宁波商帮、龙游商帮、福建商帮、广东商帮、陕西商帮等，形成了影响中国近现代社会发展的"中国十大商帮"。其中，晋商以资本最雄厚、经营项目最多、活动区域最广、活跃时间最长，被誉为"十大商帮"之首。特别是山西票号的创立和发展，使山西商人一度执全国金融界之牛耳。晋商作为中国的一个地方商帮，称雄商界五百多年，这在世界商业史上也是罕见的，完全可以与著名的威尼斯商人、犹太商人媲美。

❀ 第一节　晋商的定义

邱文选在《浅议晋商与晋商文化》中认为"晋商"的含义有两个方面。①

其一，山西史称"晋"，现在也以"晋"为简称，因此，凡山西从事商业工作、经营商品交易的商人，都可泛称"晋商"，包括从事国营（工）商业者和私营（工）商业者。《辞海》（第七版）也说，晋商俗称"山西帮"，亦称"西商""山贾"，又说为"山西省籍的商帮"。

其二，专指古代晋国经营商业和从事商品交易的商人。《国语·晋语》中曾说："（晋文公）轻关易道，通商宽农。"又说：（晋都）"绛之富商，韦藩

---

① 穆雯瑛. 晋商史料研究 [M]. 太原：山西人民出版社，2001.

木槿，以过于朝，唯其功庸少也，而能金玉其车，文错其服，能行诸侯之赂。"可知晋国早在春秋时期已经成为"工而成之，商而通之"的诸侯国，出现了"千乘之国必有千金之贾"的商贾阶层，且成为晋国社会的上层人物。

另外，历史上也有原籍不是晋地之人，由于受到晋地环境、资源的吸引，来到晋地，并以晋地为根据地，与晋地文化环境相融，世代相袭，长期从事商业活动的商人。他们在历史上为山西的经济发展和晋商文化的缔造作出了杰出的贡献，因此，也属于晋商的范畴，比如战国时的猗顿。

清代李燧等在《晋游日记》卷三中说："江以南皆徽人，曰徽商；江以北皆晋人，曰晋商。"① 虽然在其书中，此处主要针对的是"典肆"②，但这一提法也是值得借鉴的。

参考以上资料，结合今天对晋商的研究进程，晋商可以界定为：山西从事商业活动的商人，包括在山西定居并以此为根据地从事商业活动的外籍商人。

本书对晋商文化的创造者——晋商的界定是有限制条件的，主要着眼于其中有一定建树和影响力、对今人有所启迪的商贾个人和群体，而非一般的、不具有地域特征的小商人；同时，考虑山西商品经济发展历史与商人在历史上的活跃程度，还把晋商的定义界定在明清时期的晋商；从其发展渊源角度出发，又包含了一些历史上其他时间段影响十分深远的山西商人。从总体上看，在中国商品经济发展的历史长河中，这些精明的商贾个人和群体的创业历程、遗存的物质及精神财富在今天还有许多值得我们了解、学习、研究和开发利用的价值。

❀ 第二节　晋商的起源

晋商，顾名思义就是山西商人。晋商的发展源远流长，要从晋国的分封开始说起。

一、古代晋商的孕育

夏朝时期已出现早期的商业形态，"夏已进入奴隶社会……畜牧业、农业、

---

① 李燧，李宏龄. 晋游日记·同舟忠告·山西票商成败记［M］. 太原：山西经济出版社，2003.
② "典肆"，即典当业。

手工业的发展，使原始社会各部落开始有了少量剩余产品，物物交换开始出现"①。不过此时的交换还不是专门的商业交换，并没有形成实际意义上的晋商文化。

商朝"社会经济的发展，使奴隶主拥有了较多剩余产品可供交换。同时，因为就近交换已不适应……因而社会实现了第三次大分工，出现了商人，同时产生了货币"②。

3000 多年前，西周王朝在山西南部分封了一个很小的诸侯国，最初这个诸侯国被称为唐国。《史记·晋世家》记载："（周）成王与叔虞戏，削桐叶为圭以与叔虞，曰：'以此封若。'史佚因请择日立叔虞。成王曰：'吾与之戏耳。'史佚曰：'天子无戏言，言则史书之，礼成之，乐歌之。'于是遂封叔虞于唐。"这就是剪桐封弟③的故事，其中被周成王分封的姬虞，史称唐叔虞。《史记》记载："唐在河、汾之东，方百里。"当时的唐国不仅疆土面积狭小，仅限于今天翼城、闻喜、曲沃、侯马、新绛、襄汾一带汾水下游与浍河交汇的百里左右的范围之内，而且土地贫瘠、山地众多，又与戎狄等游牧民族相处。周成王深知此地发展不易，因此授意唐叔虞要"启以夏政，疆以戎索"，就是要考虑当地人民长期的生活习俗和周边地域的特殊环境，采取特殊的社会、经济发展政策。

叔虞到唐地之后，采取"启以夏政，疆以戎索"的政策，还鼓励民众发展农牧生产，兴办水利，与戎狄和睦相处，使唐国人民逐步过上了安居乐业的生活。周公姬旦曾作《嘉禾》一诗，赞颂姬虞治国施政有方。唐国附近原有许多戎狄部落，都先后归附了姬虞，唐国的疆土逐渐扩大，在邻国的威望也越来越高。

叔虞死后，他的儿子燮父继位。燮父看见晋水日夜长流，对发展农业和渔业十分重要，有利于强国富民，就将"唐国"改为"晋国"，从此，姬燮父就被称作"晋侯"，唐国也就改成晋国了。《〈史记〉索隐》有一段记述："而唐有晋水，至子燮改其国号曰晋侯。然晋初封于唐，故晋称唐叔虞也。"《中国古今地名大辞典》也有一段记述："唐周国名"，"成王封其弟叔虞于唐"，"传子燮父。始徙居晋，国改称晋"，"后徙都曲沃，今山西闻喜县，后徙绛，在

---

① 黄鉴晖. 晋商经营之道［M］. 太原：山西经济出版社，2001.

② 同①.

③ 也有一些专家认为"剪桐封弟"之事并无其他史料佐证，并不以为信，此处不议。

山西新绛北，后又徙新田，在今山西曲沃县南"。《春秋》载："晋，姬姓，侯爵。周武王少子唐叔虞之后也。成王封叔虞于唐，始都于翼，今平阳府翼城县是也。唐叔子燮父为晋侯。"这些史料都说明晋国产生于西周初年，历史十分悠久。

开国君主唐叔虞和历代君主励精图治，不仅扩大了晋国的疆域，还逐步改变了晋国的不利发展境地，把晋国推上了经济发达、礼法文明、富强壮大的发展轨道。有这样一个政治、社会、经济环境，晋国的商业经济在春秋时期就已经比较发达了，同时，古晋国的商业文化也开始了孕育、发展、壮大的历史征程。

二、古代晋商的萌生

公元前 677 年，晋献公继位，他审时度势，采纳士蒍和荀息的建议，削平公族势力，吞并周边 10 余个小国，获取了不少盛产粮、帛、煤、铁、铜、铅、盐、玉、马等战略资源的要地，使晋国走上了富足之路。骊姬之乱后，公元前 636 年，晋文公重耳做了晋国君主，为使国家强盛，他采取了多项改革措施，鼓励人民发展生产，减轻人民负担，还制定了"工商食官"①制度，采取了"轻关易道，通商宽农"政策，为晋国商业经济的繁荣发展打下了政策基础。

然而，由于当时政治、经济条件的制约，晋国的商业发展主要由官商操纵，比如士蒍（晋献公时负责"城绛"和"广宫"的建筑工程，邱文选在《山西历史文化丛书》中认为其必然经营建筑器材、建筑物资的购销交易事宜，作者赞同这种说法）、魏绛（晋悼公时任司马，提出戎狄民族喜欢内地的货物而不注重土地的习惯，建议晋悼公以中原的丝麻、陶器、食盐、粮食、日常用具等货物换取戎狄的牛、马、皮毛和土地，魏绛还出使戎狄，进行和戎活动，形成兼职官商）等人。

虽然当时的商业主要为官家所操纵，但在客观上使晋国商业、农业互相促进，"使手工业厂房、作坊增多了，农牧产品增加了，商品流通量扩大了，从事贩卖活动的商人增多了，并在客观上为私营、个体工商业者的出现提供了机遇"，"晋国的商业经济也就由最初的官营垄断逐步演变为官营与私营并举，

---

① "工商食官"，指由官府给予从事工商业生产的劳动者一定的生活资料，作为维持其家庭生活或从事再生产的费用。

官商与私商并存的双轨体制"。①

用今天的眼光看，当时晋国的这些举措无疑为晋国商人从事商业活动提供了绝好的发展环境，与后世山西人"崇商"思想的确立也有一定的根源关系。

三、古代晋商的壮大

晋国推行"轻关易道，通商宽农"、和戎等政策，使商业经济和手工业生产技术得到了很大的提高。晋悼公时，为了休养生息，进一步发展商业经济，大力推行"公无禁利"和"输积聚以贷"政策，规定开放一切禁利，对私营工商业进一步宽容、优惠，要求自国君以下，凡有积蓄，应自行输出，投入到流通市场，使其流动起来，带动经济繁荣发展。很快，晋国的商业经济和商业交易兴旺繁荣起来，产生了不少大富商，计然、猗顿、白圭就是其中的典型代表人物。

"计然，是史籍上记述的晋国最早的著名商人。"② 历史上著名的大富豪陶朱公范蠡，在还是越国大夫的时候就拜他为师，请他参与军政理财大事。计然用长期经商和观察得来的经验为越国的经济发展提供了重要的理论依据，作出了巨大的贡献，也直接影响了范蠡的经商理念，促成了一位载入史册的大富豪——陶朱公。

猗顿，原籍鲁国，《史记集解》中录《孔丛子》记载："猗顿，鲁之穷士也，耕则常饥，桑则常寒。闻朱公富，往而问术焉。朱公告之曰：'子欲速富，当畜五牸'，于是乃适西河，大畜牛羊于猗氏③之南，十年之间其息不可计，赀拟王公，驰名天下。以兴富于猗氏，故曰猗顿。"此后又经营盐业贩运，从事玉器珠宝行业的投资、鉴别活动，成为至今仍为人们所称道的大富商。《史记·货殖列传》记载："猗顿用盬盐④起，而邯郸郭纵以铁冶成业，与王者

---

① 邱文选，等. 晋国商业文化·晋国巨商猗顿 [M]. 太原：山西人民出版社，2001.
② 同①.
③ 今山西临猗县。关于是先有猗氏之地，还是先有猗顿后有猗氏之名，目前尚存争议，在此不议。
④ 盬（gǔ）盐，指没有经过熬煮的盐。

埒①富。"可见当时名闻天下的富商大贾不止猗顿一人。

🍀 第三节　晋商的发展与兴盛

晋商自形成以来，伴随着商品经济的发展与朝代的更迭，断断续续地发展。

到两汉时期，由于山西北控朔漠，南接中原，在山西南部更是占据着沟通东西的重要地理位置，兴起了一些重要的商业城市。如"杨（今山西洪洞）、平阳（今山西临汾）是当时著名的商业都会，《史记·货殖列传》曾记述杨、平阳人'西贾秦、狄，北贾钟、代'。'在汉武帝开通丝绸之路的同时，以山西为枢纽，北越长城，贯穿蒙古，经西伯利亚通往欧洲腹地的国际商路也已打通'……"② 此时，山西商人的经商足迹已经连通欧亚。

汉武帝采纳孔仅、东郭咸阳的主张，将冶铁、煮盐收归官营之后，有1000多年的时间，山西人不再从事盐、铁生意，但山西人经商致富的现象依然层出不穷。"南北朝时，山西繁峙人莫含'家世货殖，资累巨万'。隋唐上党人陈正谦，经商致富，曾出粟米千担救济唐高祖。"③ 当时，"出现了泽州（今山西省晋城市）、太谷、平定、大同等新兴商业城镇"④。"宋雍熙三年开始实行盐引制，山西人又开始经营河东盐的运销生意，以致'解、绛民多贩盐'。"⑤ 元代，这种情况仍然得到延续和发展。山西人经商能形成一个群体，实则始于明清两代。

到明代时，山西商人已在全国享有盛誉。清代初期，山西商人的货币经营资本逐步形成，不仅垄断了中国北方贸易和资金调度，而且涉足整个亚洲地区，甚至把触角伸向欧洲市场，南自香港、加尔各答，北到西伯利亚、莫斯科、圣彼得堡，东起日本，西到葱岭，都曾留下山西商人的商路足迹。明清时期，有些山西商人能用蒙古语、哈萨克语、维吾尔语，以及俄语等同北方少数民族和俄国人对答如流。很多地方都有山西商人或山西商队活动的各种遗迹：

① 埒（liè），同等的意思。
② 黄鉴晖. 晋商经营之道［M］. 太原：山西经济出版社，2001.
③ 同②.
④ 刘建生，刘鹏生，梁四宝，等. 晋商研究［M］. 太原：山西人民出版社，2005.
⑤ 同②.

北京的都一处、六必居，河南南阳的社旗山陕会馆，安徽雉河集（涡阳）的山西会馆，甘肃的老西庙，新疆的古城塔，昆明金殿的铜鼎，江苏扬州的亢园，安徽亳州的花戏楼；还有许多地方遗址与山西商人密切相关，如贵州茅台酒厂、张家口的日升昌巷、内蒙古包头的复盛西巷、呼和浩特的定襄巷和宁武巷、多伦淖尔的山西会馆，以及蒙古国科布多的大盛魁街等。明清时期，山西商人上通朝廷，下结官绅，商路达数万里之遥，款项可"汇通天下"，白银滚滚从各地流回乡里，置田产，起楼阁，显赫一时，"平阳、泽、潞豪商大贾甲天下，非数十万不称富"，逐步成为令人侧目的商帮集团。①

晋商的兴起、成功有诸多因素，但从历史唯物主义和经济学的角度来看，最根本的是生产力的发展和生产关系的调整。正是生产力的发展和地主阶级对生产关系的不断调整，才促进了山西境内商品经济的发展以及对外贸易的发展。

一、境内商品经济的发展是晋商崛起的内在根据

晋商作为一种社会现象同一切事物一样，发展、兴盛都是由内因（即山西境内商品经济的发展）决定的。一个地方商帮，如果本地没有可推销的商品，就不可能向外地外省发展，也不可能有较多的资本积累而成为"海内最富"。所以，研究山西商品经济的发展对研究晋商有重要作用。

（一）盐铁是晋商向外扩展的重要条件

中国商业的起源同盐有着密切的联系。晋商的发祥地——晋南，自古就是河东盐池所在地。河东解州的盐池是夏、商、周三代文明的经济基础。如果说中国最早的重要商品是盐，那么中国最早的商人就是山西盐商——晋商的始祖。盐是老百姓生活必需的消费品，也是晋商向外发展的重要条件。河东盐，产于安邑县潞村（今运城）的天然产盐池，故名潞盐。长期以来，潞盐生产由官府经营，通过徭役制征集盐丁，在大池中捞采自然结盐的方法进行生产，因而产量极不稳定。到了北宋，人们认识到大池捞采结盐方法的弊端，改行"垦畦种盐"的方法，使产量迅速增加。所谓"垦畦种盐"即"垦地为畦，引

---

① 刘建生，刘鹏生，梁四宝，等. 晋商研究 [M]. 太原：山西人民出版社，2005.

池水沃之，谓之种盐，水耗则盐成……岁二月一日垦畦，四月始种，八月乃止"①。随着生产方法的改进和盐产量的增加，官卖制度已不适应，北宋雍熙三年（986年）开始实行盐引制，令商人纳课领引，贩卖官盐。至此，河东盐由官府专卖演变为官府专卖和商人专卖并行，便开始有了河东盐商，这就是山西商人从事食盐经营的开端。由此可见，潞盐生产方法和生产关系的变革，提高了潞盐产量，使产品有了剩余，有了可交换之物，这是山西商业发展的原始动因，也是中国商业的起源，中国最早的一批商人（即山西商人）就是借助盐这个农业社会中最为重要的商品走上历史舞台的。

商人参与贩卖潞盐之后，随着盐销区的扩大，潞盐产量也迅速增加。北宋至道二年（996年）产21788996公斤，庆历八年（1048年）增为41250000公斤，增长了89.3%。进入元代，由于元初的多年战争和落后的统治，盐池产量急剧下降，所以河东盐商并没有得到很好的发展。

到了明代，情况发生了很大变化。因长城边镇驻军财粮的需要，明王朝实行"开中制度"招商纳粮中盐，支出盐引（换盐的专利凭证）数额增加，使产量与盐引发放数额产生矛盾，造成大量盐引待支，纳粮商人领不到盐。在这种情况下，明王朝不得不允许部分商人直接参与盐池生产。这样，官办盐池中有了商民自备工本、自雇夫役的一种生产方式，即资本主义萌芽。商人自雇民夫比官府徭役制征集的盐丁生产积极性有了很大提高，促进了盐产量成倍增长，也促进了盐行销区不断扩大。在明代，潞盐行销山西全省和陕西、河南两省的九府一州。至清初及以后的200多年间，潞盐行销山西、陕西、河南3省的173个州县。与此同时，商人或纳粮或纳银报中领取盐引，凭引支盐，贩盐获利，从而出现了河东大盐商，比如周全。当大同镇积欠周全等粮草价银105700余两，长期不给时，周全等屡奏户部催要，最后户部议拨两淮盐35万引、河东盐10万引，以及其他款项，进行折算，给予补偿。②再如，商人郭弼报中河东盐，因无盐可支，奏准改支淮盐22万引，折银四五万两。③由于"开中制度"的实施，不仅河东盐商发展壮大，而且山西商人在两淮、江浙、长芦等盐区也大大发展起来。因为"开中制度"的实施从长城各边镇开始，山西与宣大、延绥、宁夏等边镇相邻，故而报中的山西商人较多。两淮盐商聚

---

① 脱脱，等. 宋史：卷一百八十一：食货下 [M]. 影印本. 北京：北京图书馆出版社，2005.

② 明武宗实录：卷一百六十九：正德十三年十二月辛卯 [M].

③ 明武宗实录：卷一百七十五：正德十四年六月丁丑 [M].

集扬州，嘉靖时西北商贾在扬州者数百人。当时扬州是中国盐业最大的交易市场，而扬州最有势力的商人原本不是山西商人，大量盐引操纵在两淮商人手中。但山西商人在两淮盐商资金短缺时给予慷慨借贷，条件是稍稍让给他们一点盐业的经营权。当时在扬州的山西商人中最有名的是席铭，由于席铭办事比较公道，而且在关键时刻能助人为乐，不久就被扬州的盐商推为首领。

总之，从北宋雍熙年间开始有了河东盐商之后，经过宋元两朝约 400 年的发展，到明代河东盐商在国内的地位逐渐显赫起来，这就表明山西商人作为一个地方商帮已经崛起，并与各地方商帮争雄于国内外市场上。由此可见，境内商品经济的发展是山西商人能在明代崛起的一个重要条件。

明代中叶，虽然允许部分商人自备工本参与池盐生产，但池盐生产基本上还是官办的。官办盐池靠徭役制征集盐丁进行生产。到了清朝初年，盐丁征集越来越难，在这种形势下，清王朝为了军事斗争的需要，借鉴明朝统治者允许商人自备工本捞采盐池的方法，推而广之，池盐全部实行"畦归商种"，基本废除了盐丁的徭役制，盐丁得到了解放。"畦归商种"就是将官办的池盐畦地交给商人生产，使产权关系发生变化，商人按所领畦地纳课，并拥有盐引，使生产与运销统一起来。这样潞盐生产就由官办到部分商办，再到清初的"畦归商种"，成为完全商办的盐业生产。从资本的角度，这使商业资本转化为产业资本，具有了资本主义的性质。从商人的角度，起初从事盐业的商人既是生产者又是运销者，一身二任，总是难以顾及。于是康熙中期，在潞盐行销区陆续招商包运，使盐商分离为"坐商"和"行商"。所谓"坐商"，即专门从事盐的生产的商人；所谓"行商"，即专门从事盐的贩运和销售的商人。可见，生产关系的变革，行业的分工，既有利于池盐生产，又有利于商人发家。但是池盐由官办变为商办以后，商人成为主体，官府和官吏的勒索有了主体，到乾隆中期以后，封建专制的"重本抑末"政策又横行起来，并首先从苛征盐商开始。对盐商的苛征，一是税收和官吏的勒索，一是报效捐输。二者交错并用，使河东盐商由盛转衰。

山西铁矿资源丰富，产铁之地十之八九，其不产地十之一二，产铁历史悠久。从后唐长兴二年（931 年）开始，在官办采铁基础上，并许百姓逐便铸造农具炊具。从此，山西铁冶进入了官办与民办并举的时代。到明代洪武六年（1373 年），全国置冶铁所 13 处，而山西就有"吉州二，太原、泽、潞各一"① 共 5 所，占全国冶铁的 38%。

泽州（今晋城市）和潞州（今长治市）产铁分为生铁和熟铁。泽州称南铁，潞州称北铁，南北铁之混熔则为钢。② 生铁可铸炮、钟、鼎、锅、犁，熟铁可打造刀、锄、镢、锹、镰、钉等。

泽州和潞州所产铁和铁器，有两种主要用途与销路。一是官府田赋折征铁和兵器。官府这种需要时多时少，主要视北部边塞军事需要而定。二是铸造和打造的炊用铁器和农具，通过商人销往京城、直隶、山东等地，供民所用。自从后唐长兴二年（931 年）允许百姓冶炼铸造铁货以来，山西的泽州和潞州地区民营冶铁快速发展，产生了大量工场手工业和大商人，把山西铁货运销各省，促进了山西商人的崛起。明代泽潞铁货驰名天下，进入清代亦然。清统一蒙古各部后，山西、直隶人纷纷往蒙古地区垦荒种地，炊具农具等铁货也随之进入。康熙六十一年（1722 年），泽潞铁货到了"科布多、乌兰古木特里等处"③。

（二）丝棉织品、颜料行业的发展对晋商发展有重要作用

在山西盐商、铁商有较大发展的同时，丝棉织业、颜料行业商人也发展了起来。山西种桑养蚕始于唐代，而丝棉织品在经济生活中占有重要地位则是从明代开始的。明立国之初，号召天下广种桑、麻、棉花等经济作物，对于不执行政令者，规定了奖罚的政策。"凡民田五亩至十亩者，栽桑、麻、木棉各半亩，十亩以上者倍之"，如"不种桑，出绢一匹。不种麻及木棉，出麻布、棉布各一匹"。④ 在这一政令推动下，潞州和泽州的农桑和丝织业发展很快。至洪武末年，潞州 6 县种桑 8 万余株，弘治时达 9 万余株。农桑种植推动了养蚕和丝织业。潞州和泽州织机最多时达 1.3 万余张，⑤ 成为一个丝织专业区。中国丝织产区一向以苏、杭最为著名。到了明代，潞州与苏、杭并列，是中国三大丝织专业区。潞泽所产丝绸非常著名，有大小潞绸之分，还分天青、石青、沙蓝、油绿、黄色、红色、秋色等 14 种染色，织工精细，鲜艳夺目，世人喜用。潞绸从明洪武到万历年间一直保持着发展的势头，为民创造了财富，并出

---

① 张廷玉，等. 明史：卷八十一 [M]. 百衲本. 1956.

② 高平县志：卷六 [M].

③ 清圣祖实录：卷二百九十九 [M]. 1969.

④ 张廷玉，等. 明史：卷七十八 [M]. 百衲本. 1956.

⑤ 潞安府志：卷九 [M].

现了从事丝织业的富商。但从万历年开始，随着官派的增加，潞泽丝织业开始走向衰落。万历三年（1575年）坐派2840匹，十年（1582年）坐派4730匹，十五年（1587年）坐派2400匹，十八年（1590年）增至5000匹。[①] 一方面官派不断增加，另一方面每匹潞绸给价一减再减。万历三年每匹给价5.88两，万历十年每匹给价5.21两，万历十五年每匹给价5.00两。官派扰民之苦使织户大量破产，官派潞绸也无法完成。清王朝实行减少官派和增加官派每匹价银的调整政策，对恢复生产有一定作用，但总的来说，潞绸生产还是大不如前。

山西的棉织业，虽不如潞绸著名，但对山西商人的崛起也曾起过重要的作用。山西种植棉花最早的是平阳府（今临汾），河东地区也素有"勤农织"之称。棉花纺线织布，其防寒功能超过麻布，所以其不仅为老百姓所喜爱，也是明代北部边镇驻军的必需品。老百姓和北部边镇驻军的需要推动了山西棉花种植和棉织业发展。另外，明代在棉布生产区将赋税米粮部分折征棉布，于是不种棉花、不织布的农户必须到市场上购买棉花和棉布，这在一定程度上提高了棉花、棉布的商品化程度。山西的东南和北部地区或者外省那些不产棉花和棉布的地区，老百姓穿衣、絮棉的需要也极大地提高了棉花、棉布的商品化程度。于是，出现了长途贩运棉花和棉布的山西商人。其中，以翼城和太平县最为著名，他们在京城、通州和陕西三原县开设布店。在京翼城县布商，雍正十年（1732年）冬天动议，雍正十三年（1735年）仲夏建成晋翼布商会馆；乾隆四年（1739年）又在通州建成晋翼会馆，捐银的布店布铺和染坊14家、个人91名。[②] 通州是运河北端的重要码头，在通州的翼城县商人长时期垄断着棉布和染坊两个行业。

丝织业、棉织业的发展推动了染织业的发展，又兴起了颜料商人。有临汾、襄汾和平遥的颜料商人，其中，最著名的是平遥县的颜料商：他们一方面去江西赣州、重庆和广东采购原料和桐油；另一方面在平遥开设作坊加工制作各种颜料，然后推销至省内外。从明代开始，平遥县的颜料商人去北京开设店铺经营颜料和桐油，并建有颜料商会馆。此会馆由明至清，存在三四百年，清末民初时成为北京颜料行同业公会会址。

从上述盐、铁、丝绸、棉织品、颜料等商品的生产交换中，可以看出晋商

① 陈子龙，徐孚远，宋徵璧. 明经世文编 [M]. 北京：中华书局，1962.

② 李华. 明清以来北京工商会馆碑刻选编 [M]. 北京：文物出版社，1980.

的兴起与宋元明时期山西境内商品经济的发展有内在的联系。正是山西境内商品经济的发展，才把山西商人推向全国各地。当然山西境内商品经济并不只是这些，还有经营旱烟、纸张、杂货、干果、食油的商人，主要是潞泽、曲沃、临汾等一带的商人。据《山西通志》和一些县志记载，明代外出经商的共有22人，其中属于平阳府的11人，潞泽两州的7人，其他府州的仅有4人。这22人经商的地域为：京城、辽东、北直隶、南直隶、浙江、河南、陕西、甘肃。由此可见，晋南和晋东南商人对山西境内商品经济的发展作出了不可磨灭的贡献，对晋商的兴盛起着非常重要的作用。

二、表里山河的地理特点对晋商崛起的重要影响

与盐商相比，山西人经商的另一支历史源头就显得曲折艰难得多。在这条商旅之路上，地缘的影响更加明显。山西自古就有"表里山河"的称谓，意思是外有山、内有河，山西夹在太行山脉和吕梁山脉之间，北边和内蒙古的草原相邻，南边隔着黄河与广阔的中原地区相望，这种独特的自然环境曾经左右着山西的历史走向。

商周时期，山西地区仍为温暖湿润的亚热带气候，森林密布，湖河纵横，雨水充沛，汾河的漕运延续至隋唐。然而随着垦湖为田、毁林为田现象的日趋严重，至元末明初时，山西已经成为一个自然环境十分恶劣、土瘠天寒、地不养人的地区。一方面，水土流失严重，气候干燥寒冷，自然灾害频繁。另一方面，明代初期，山西面临着巨大的人口压力。元末农民战争的战区主要在中原地区，经过长期的战乱，中原地区人口锐减，而山西却保持了相对比较和平的社会环境。明洪武年间，山西的人口总数达到400万，相当于当时河北、河南两省人口的总数。据康熙时《山西通志》记载，仅太谷一个县，当时的人口就超过了20万。这样就形成了人口和土地、资源之间的矛盾。

在清朝的文人笔记中有这样的记载："山西无平地沃土之饶，无水泉灌溉之益，无舟车渔米之利，乡民惟以垦种上岭下坂，汗牛痛仆仰天续命……"地贫人多使山西人不得不从土地中走出来，在交换和流通中取得维持生存的必需品。于是，从明代中期开始了山西人走西口、人口外迁的历史。明末清初，山西人走西口达到高潮。山西人走出去，用勤劳和智慧缓解生存的压力。他们从事的商业活动主要是把游牧民族和农业民族结合起来，利用游牧民族与农业民族的互补性来进行商品交换。

山西人走西口，路途上土匪经常出没，很多人被抢劫；还有的被冻死，因为北方草地气候寒冷，甚至可以达到-40℃；还有的在沙漠里迷失了方向，被饿死；等等。山西人凭着一股闯劲儿，到其他地方寻求新的生活。

表里山河不但是描绘山西地理环境的一个词语，也为我们提供了一个观察山西历史的独特视角。从这里出发，我们可以梳理出一条清晰的脉络。早在春秋时期，晋国的商业就非常发达，晋文公是当时的"春秋五霸"之一。晋国国力强盛主要有两方面原因：一方面是有丰富的盐铁资源；另一方面是采取了"轻关易道，通商宽农"的政策。由于这样一个政策，晋国无论是商业还是手工业都非常发达。与此同时产生了一些专门研究工商、贸易理论的人物，比如计然，他总结了当时对外工商贸易的经验，后来人们称之为"计然之策"。重商的经济政策成就了晋文公的霸业，"战国七雄"中韩、赵、魏三国也承袭了这种繁荣的余荫。当时越国的范蠡将"计然之策"用于商业实践，成为中国历史上最成功的商人之一，他的经商手段在很长一段时间内指导着中国的商业。后来猗顿从范蠡处学会了这套商业理论，并在山西南部进行实践，不久他就成为与范蠡齐名的大商人。不论是范蠡还是猗顿都是依靠贩盐起家的，范蠡是依靠齐国的海盐，猗顿是依靠解州的池盐。

历史上名闻天下的山西籍政治、军事、文学、外交人才可谓灿若繁星。他们激起的诸多文化潮流、他们代表的思想体系，不仅在中国文化史上独具一格，而且成为后世山西商业文明的精神内核。司马迁说："三晋多权变之士，夫言从衡强秦者大抵皆三晋之人也。"佛家人物慧远、法显、昙鸾都是山西人，他们对佛教在中国的落地生根都作出过杰出贡献。宋、辽、金、元时期，山西是中国北方道教的中心，吕洞宾的故里。在军事方面，山西也不乏其人。汉代的霍去病和卫青、三国的关羽、唐代的尉迟恭、宋代的狄青都英勇神武，战功赫赫。山西最值得称道的还是鼎盛一时的文风。《全唐诗》中记录的诗作有一大批都是山西人的作品，如"初唐四杰"的王勃、名满天下的王之涣、新乐府运动的领军人物白居易都是山西人。《资治通鉴》冠绝古今，作者司马光是山西籍，元曲四大家中有两位是山西人，四大名著之一《三国演义》的作者罗贯中也是山西人。山西厚重的文化底蕴使山西人形成了特有的文化素质，也使他们影响了中国历史的走向。山西人的出色作为使中国文化显出更丰富的层次、更灿烂的色彩。

三、明代推行开中法，为晋商崛起提供了良好契机

商品经济的发展是商人或商业资本发展的决定性因素。表里山河的地理特点对晋商崛起有着重要影响。在这一前提下，政治、军事因素也会推进山西商人的发展。明代北部边镇的设立、明王朝开中法的推行，对山西商人的崛起尤其是盐商的称雄产生过重大的影响。

在明朝取代元朝后，仍有北元残余势力在北方边境活动，在这种形势下，朱元璋整修万里长城，同时沿长城一线设立边镇，驻扎重兵，以保边境安全。北部边镇，东起辽东，西至甘肃，中为蓟州、宣府、大同、偏头关、延绥、宁夏、固原，共九镇，构成沿边数千里的防御线。设镇就要驻兵和配备军马。明永乐年间，九镇驻兵 863135 名，配马 342004 匹。80 多万名驻兵和 30 多万匹军马，所需粮饷巨大，对明王朝是个很大的负担。如果所需粮饷完全由各行省和户部拨解，就要消耗大量的民力和费用；如果就近取给，由于边地接近沙漠，农业生产落后于中原，本地生产远不能满足边需。于是边镇军需消费与供给形成了尖锐的矛盾。为了解决这一矛盾，明王朝在其统治的 200 多年间，先后采取了多种措施：先是直接运送粮食；接着因运粮道远费资，改行开中法招商纳粮中盐；后纳粮又改为折色缴银，令边军就近市易，以解决军粮的需要。不管采取哪一种措施都离不开山西商人，而对山西商人发展影响最大的是开中法。开中法，也叫"中盐"。商人按官府规定，每一盐引纳粮若干，向边镇各仓输粮，然后凭各仓发给的盐引，到各盐转运提举司支取食盐，再到各盐行销区卖盐获利。

开中法始于明洪武三年（1370 年）六月大同仓，其原因为运粮不便。最初大同仓粮储由山东陵县（今德州）粮仓起运，运至山西平定州，再由山西行省转运太和岭（朔州东），由大同府再接运至边仓。这种长途由官府运粮的办法，道路险远，民力维艰，耗费巨大。于是，山西行省参政杨宪给朱元璋上奏折，言："大同粮储，自陵县运至太和岭，路远费烦。请令商人于大同仓入米一石，太原仓入米一石三斗，给淮盐二百斤一小引。商人鬻毕，即以原给引自赴所在官司缴之。如此则转运费省而边储充。"[1] 即政府控制食盐，让商人把粮食运到边境后，给商人一部分盐引，商人拿到盐引就可以去两淮、河东盐

---

[1] 明太祖实录：卷五十三：洪武三年六月辛巳 [M].

池换盐，然后去卖盐获利。这一建议有三个好处：一是利于国家；二是便于商人；三是利于减轻老百姓的负担。这是一举三得之事。因此，朱元璋下令在全国推行开中法。于是，开中法不仅各边镇输送军粮施之，以后各行省因灾荒赈饥也仿行之，称为善政。

纳粮中盐，由大同边镇开始，扩展到宣府、偏头关、延绥、宁夏等镇，在各边镇纳粮中盐的边商中，山西商人是重要组成部分。开中法并不完全为纳粮中盐，而是根据边地需要的不同，包括纳粮、纳马、纳草、纳帛。

纳粮折色大约始于弘治年间（1488—1505）。纳粮折色改纳粮等为纳银，换取盐引。粮食由边军自行市籴。市籴增多，粮价上涨，刺激边地农民生产粮食的积极性，有利于边地开发和农业生产的发展。不仅如此，明朝的整个田赋制度也进行了改革，均由纳粮改为折色，即由征粮改征银两。可见，明朝中叶纳粮折色以及整个田赋制度的改革，是中国商品货币经济发展的必然结果。

边镇军士既需粮食，又要穿衣，但边地并不种棉花。因此，棉花、棉布或衣袄的折征与解运是不可避免的。在宣德年间，各边镇守官曾言，甘肃、宁夏缺布绢、棉花、丝棉，大同、宣府缺布绢、棉花、茶叶、食盐、农器犁铧等物，请户部以折粮丝棉、布绢、棉花及收买之农器，遣人运送至边。征收运送的棉花、棉布、衣袄，一方面由于路途辗转，输送不及时；另一方面民间所制衣袄，"衣不称身"，极不适用。因此，棉花、棉布、衣袄改折色成为必然。弘治时规定，棉布一匹折银三钱，棉花一斤折银一钱，衣袄一件折银一两五钱。

由此可知，因边镇军粮特需，明王朝实行开中法，并由纳粮改为折色，既大大促进了边地农业生产和商品货币经济的发展，也为山西商人的发展提供了新的契机。山西省地临北方边镇，这一制度一实行，晋商便近水楼台先得月，首先进入北方边镇市场，依靠贩运粮食、棉布、草料等军需品，登上明朝商界的历史舞台。

四、清代晋商经营资本的新发展使晋商发展到鼎盛时期

明末清初，晋商中心由南向北推进，晋中商人崛起，并逐渐超过了晋南和晋东南的商人，取得了代表晋商的资格。清代晋商，纵横四海、富甲天下，其奥秘除了一个"俭"字，还在于商业上的两大独创：一是开创并一直垄断了对蒙古的边贸、对俄的外贸，打开了一条陆路通往欧洲的茶叶之路；二是独创

了金融汇兑的票号业,将晋商带入金融业领域,执全国金融业之牛耳。

(一)对蒙古贸易的发展

论及清代山西商人兴盛的原因,首先是康熙、乾隆时为平定蒙古准噶尔部进行的长期战争。清康熙二十九年(1690年),为了平定蒙古准噶尔部噶尔丹的叛乱,康熙帝亲率八万大军深入草原腹地,打垮了噶尔丹的军队。经过康熙、雍正、乾隆祖孙三代的努力,清帝国将新疆、青海、甘肃、宁夏、内蒙古等广大的西北地区牢牢地控制在自己的统治之下。在康熙、雍正两朝对西北地区用兵时,由于补给线过长,军粮供应充足与否成为决定战事胜败的关键。当时战场与后勤基地之间相隔万里,运输线路又要跨越茫茫草原、浩瀚沙漠,《清史》中记载:其地不毛,间或无水,至瀚海等沙碛地方运粮尤苦。在朝廷为此事一筹莫展之际,晋中商人范毓馪请缨,要求帮助清政府运军粮,而且费用只要清政府运军粮的三分之一,原来清政府运一石军粮要120两白银,他只要40两。在《清史稿·列传》中是这样记录范毓馪的贡献的:辗转沙漠万里,不劳官吏,不扰闾阎,克期必至,省国费亿万计。由于运粮有功,雍正皇帝授予他二品官衔,并给了他和他的商业伙伴对蒙古、对俄贸易的特权,这就使晋中商人能先人一步进入西北市场。自此,晋商到内外藩蒙古经营贸易者为数众多,时称"山西旅蒙商"。他们驰骋内外藩蒙古,垄断经济、商业大权达200余年,其经营范围之广、贸易金额之大、获利之丰,为其他省商帮所望尘莫及,在我国民族贸易史上也是罕见的。

晋商对蒙古贸易有三大基地:一是张家口;二是归化(今呼和浩特);三是包头。人们俗称张家口为"东口",归化城为"西口",这是与蒙古贸易必经之地。入清以来,东西两口是塞外东西两部的物资集散地,也是"山西旅蒙商"的重要基地。1914年,两处自动辟为商埠,并为西北商业枢纽。京张铁路延至包头后,包头成为水旱码头,于1922年辟为商埠,也成为"山西旅蒙商"的重要基地。三大基地的商人绝大多数是山西商业移民,人数以十万计。

张家口地处中原地区通向内外藩蒙古、俄国的交通要道。早在明代,晋商即来此"市易边城",其中王登库、范永斗等八家最为著名,都是山西人。清军入关前,八家皆曾为其积极报效,后清廷赐八家为皇商,并在张家口赐产。在外藩蒙古独立前,张家口商贸鼎盛时,有商号4000家,绝大多数由山西人开办。其中,山西商号以茶庄为主,有百余家。最有名的是祁县渠家开设的长裕川、长盛川、大玉川、大昌川;还有祁县范家开设的兴隆魁,这个商业性企业有职员 290 多人，是清代对外藩蒙古和俄国贸易的第二大企业。凡大的商号，都持有清政府颁发的红色"龙票"，从收购、运输至赴蒙古贸易皆通行无阻，受各方保护。至今在堡子里鼓楼西街茶庄故址中，仍保存着乾隆皇帝赐给大玉川的双龙石碑，其上镌刻着它在发展与蒙古贸易以及中俄贸易中所作的贡献。可见，山西商人为张家口的繁荣和发展作出了特殊的贡献。

归化地处西北各省交通枢纽。东联张家口以通京津，南越长城通大同，北通蒙古各地。早在康熙末年，即已商贾云集，百业隆盛。商号最多时有 3700 家，几乎为晋商所垄断。左右商业局势的大商号有数十家，为首的是太谷商人王相卿和祁县商人史大学、张杰创办的大盛魁，拥有 1 亿两资金。大盛魁极盛时同蒙古的贸易额为每年 900 万~1000 万两白银，每年有 1500 峰骆驼往来于长城和乌里雅苏台之间，其从业人员达六七千人，时人形容大盛魁的财产，可以用 50 两重的银元宝从库伦（今乌兰巴托）到北京铺一条路。

包头地处蒙古和西北各省的要冲，原是萨拉齐县的小镇，光绪二十三年（1897 年）以后，发展为羊毛市场，商业十分繁荣，为晋商所垄断。祁县乔家独资的一大批复字号商号实力十分强大，称雄当地。其中最大的是复盛公，历史十分悠久，有"先有复盛公，后有包头城"之说。

（二）对俄贸易的发展

清代中俄关系的变迁对山西商人的崛起同样起到了重要的刺激作用。中俄通商始于清康熙二十八年（1689 年）《中俄尼布楚条约》签订，中俄贸易迅速发展却是在《恰克图条约》签订之后。清雍正六年（1728 年）中俄签订的《恰克图条约》规定，祖鲁海尔、恰克图、尼布楚三地为两国边境贸易能商地点，允许两国商人在上述地点建造房屋、商店，免除关税，自由贸易。山西商人对俄贸易的主市场是恰克图。恰克图被辟为中俄贸易市场后，张家口的晋中商人捷足先登，并垄断了对俄贸易。他们把货物先集中在张家口，经库伦再运往恰克图。张家口距恰克图大约 1500 千米，于是便产生了往返运送货物的商人运输队——山西驼帮队。最初俄商用毛皮换取中国的商品；从 19 世纪 30 年代起，毛皮为呢绒纺织品所代替；到 30 年代末期，呢绒已占俄国对华贸易的 50%。在乾隆三十三年（1768 年）以前，中国出口以绸缎、棉布、大黄为主。此后，茶叶出口日增。进入 19 世纪 40 年代，茶叶出口已占据首位。咸丰元年（1851 年），茶叶已占全部出口额的 93%。至此，山西茶商成为继山西盐商之后的又一支商界劲旅。据史料记载，乾隆二十三年（1758 年）时，投入中俄恰克图贸易的晋商，有大商户 60 家，小商户 80 余家。其中，经营历史最久、规模最大的是榆次车辋常家。常家从乾隆朝开始，一直到清末，都在恰克图有以经营茶叶生意为主的商号，如大升玉、大泉玉、大美玉、独慎玉等，构成了以张家口大德玉为总号，其他四家商号联袂在恰克图从事对俄贸易的格局，因此被称为清代山西省的外贸世家。后来，常家还把生意做到了莫斯科，独慎玉就在莫斯科直接设立分店。与常家比肩的以经营茶叶为主的大商号有太谷曹家的锦泰亨，其也在莫斯科设有分号；还有祁县和太谷县合办的大盛魁、榆次县的恒隆光、祁县乔家的大德兴等。从《恰克图条约》签订起，中俄两国的恰克图贸易就完全由晋商垄断且长达两个世纪之久，恰克图也成为与中国南端广州遥相呼应的北部外贸码头。后来山西商人除在恰克图进行边界贸易外，还逐渐深入到俄国的克拉斯诺亚尔斯克、新西伯利亚、伊尔库茨克、圣彼得堡等地，设立山西商业分号。另外，东部的海拉尔和西部的塔尔巴哈台也是中俄贸易的重要市场，山西商人在这些地方也很活跃。

（三）山西票号"汇通天下"

商品经济的发展必然推动货币经济和金融业的发展。19 世纪 20 年代，中国第一家票号日升昌票号在平遥古城诞生。票号又叫票庄或汇兑庄，是一种专门经营汇兑业务的金融机构。在票号产生以前，商人外出采购和贸易全靠现银支付，在外地赚了钱捎寄回老家也得靠专门的镖局把现银运送回去，不仅开支很大，费时误事，而且经常发生危险。这就迫使外出经商的山西商人不得不寻求新的办法。平遥县的西裕成颜料庄在北京、天津、四川等地都设有分庄。清嘉庆年间，雷履泰任平遥县西裕成颜料庄总号掌柜。西裕成北京分庄经常为在北京的山西同乡办理北京与平遥、四川或天津之间的现金拨兑。这种异地拨兑，开始时只限于亲朋好友之间进行，并不收费。后来要求拨兑的人越来越多，在双方同意的原则下，出一定手续费即可办理。雷履泰发现这是一个生财之道，于是改设日升昌，兼营汇兑业务。后来由于汇兑业务旺盛，他就放弃了原先的颜料生意，专门经营汇兑业务，这就是中国历史上第一家票号。以后，雷履泰调查了山西商人贸易的地点，选派精悍的伙伴，先后在天津、张家口、苏州、上海、厦门、广州、桂林、重庆、长沙等地开设汇兑分号招揽生意。由于这种汇兑在此处交款，彼处用钱，手续简单，使用方便，所以除山西商人和其他地方商人汇款以外，还有政府及官员来托办汇兑事宜。随着资本的增加，通汇地点越来越多，利润也越来越多。随后又吸收现款，发放贷款，日升昌的生意一派兴旺。山西商人纷纷学习日升昌的经验，投资票号，从而形成了著名的山西票号。到鸦片战争前夕，山西票号大约有8家。鸦片战争后的10年内，仅日升昌、蔚丰厚、日新中三家山西票号在各地设立的分支机构就有35处，分布在全国23个城市。他们除专门经营汇兑业务外，还兼营存款、放款业务，并把汇兑、存款和放款结合起来，利用承汇期，用客户的现金放高利贷，得到了很高的利润。据史料记载，道光二十七年（1847年）末，山西票号蔚泰厚苏州分号已有存款（白银）3.6万两，放款8万两；道光三十年（1850年），日新中北京分号有存款近3.7万两，放款近7万两。太平天国运动爆发后，清政府的财政更加困难，山西票号也由起初为封建商人服务转向为清政府服务。为了承揽清政府对外活动款项汇兑等国际业务，山西票号在国外设立分支机构。如祁县合盛元票号总经理贺洪如于1907年在日本神户、东京、横滨、大阪开设分支机构；平遥的永泰裕票号在印度加尔各答开设分号。此时的山西票号生意兴隆通四海，财源茂盛达三江。由此可见，山西票号一经产生，便迅猛发展，很快就汇通天下，利赖九州，基本上垄断了全国的汇兑业务，成为近代中国银行之发轫。

随着票号业的发展，山西商人逐渐执全国金融界之牛耳，闻名于国际商界。同时，由于商业资本与金融资本的结合，山西商人成为当时国内商业和金融界一支举足轻重的力量，山西省成为全国最富有的省份，正如清末思想家、文学家龚自珍在谈到山西的富庶时所用一词："海内最富"。

❀ 第四节　晋商的衰败

清末民初，政局动荡多变，国内外政变、战事频繁，使晋商业务停滞，损失巨大。从两次鸦片战争到太平天国运动、中法战争、中日甲午战争、八国联军侵华战争、日俄战争、辛亥革命、俄国十月革命，政局不靖，战事不绝。这些战争几乎都是在晋商的商业经营重要区域进行的，战乱直接毁灭了晋商主要经营区域的市场。商家在战乱中遭受烧杀掠夺、敲诈勒索、赖账讹诈，倾家荡产者不计其数。各种研究资料表明，晋商在战争中受到的损害是十分巨大的。当然，晋商也善于抓住机遇，在"庚子国变"时，晋商票号也曾获得绝佳的发展机遇，大德通票号在高钰的带领下，抢揽了庚子赔款汇兑等业务，发了一笔战争财，取得了巨大的利润。但在以后的战争中，晋商普遍性地屡次受害。

总体上，晋商在战争中遭受的打击是致命的。

鸦片战争后，腐败无能的清政府与外国侵略者签订了许多不平等条约，外国商人在许多原来属于晋商的市场上展开不公平竞争，直接夺取了晋商的市场；外资和国办的新式银行设立，又夺取了晋商票号的市场；清政府还对晋商不断勒索，肆意压榨，课税捐输任务繁重，把晋商逼到了破产的边缘。

清末，晋商进取精神不足，失去了继续发展的动力与发展机会。清政府成立了官办银行，票号错失了改做新式银行的最佳机遇。而且由于币制变化，银钱兑换业务市场日趋减小，晋商票号的汇兑业务走上了衰退的道路。晋商中的优秀分子在票号走向衰亡的过程中，也曾提出改革之策，但由于种种客观与人为的原因，未能取得成功。在投资方向上，晋商一直没有大规模地投资新式工业，失去了与时代共进步的机遇。总之，清末民初的晋商没能寻求新的发展机遇、开拓新的经营领域，而是囿于传统，固守传统行业，一次又一次失去了新的发展机会。

同时，由于交通状况的改变，海运和铁路的发展，晋商的内河与陆路运输失去了市场。清末浙江商帮兴起，沿海口岸被迫开放，又使中国的商业中心南移，晋商失去了经济领头人的地位，走向了衰落。

晋商后人对晋商优秀传统文化的继承与发展也存在许多不足，甚至抛弃了祖上的优秀传统。不少晋商后人不思进取，生活上贪图享受，与晋商发展初期的奋斗勤俭精神截然相反。当时著名大富豪（如平遥五联号财东介休贾村侯家、首家票号日升昌财东平遥西达蒲村李家、太谷曹家）的后代们大多染上吸食鸦片的恶习，不理号事。票号鼻祖雷履泰的后代子孙也大都才能平平，一个个染上了大烟瘾，家道逐渐败落，到其玄孙雷东阳时，竟然将家产变卖一空，甚至连祖坟上的石碑都卖给他人，最后流落街头，活活饿死。

明清之际，晋商迅速发展、壮大，持续发展数百年。清末民初，晋商又在短时间内迅速走向衰败，令人扼腕叹息。但在发展过程中，晋商创造、发展了优秀的物质文化和精神文化，给我们留下了一笔丰厚的文化遗产，尤其是其精神文化部分，可谓成在践之，败在失之。晋商优秀传统文化对今天的山西省企业经营管理有十分重要的借鉴、指导意义。

🌸 第五节 鼎盛时期晋商的特征

晋商从明代兴起，鼎盛于清代。鼎盛时期的晋商，有以下特征。

一、商业网络遍布全国以至欧亚地区

晋商在清代进入鼎盛时期，其商业网络已遍布国内大江南北、长城内外，并延伸到整个欧亚地区。同时，在商业企业组织形式上，出现了"分号制"的独资或合资企业。所谓"分号制"，即财东独立投资或合资办商号，商号又设若干分号于全国各大商埠，而且商号或分号可以投资办小商号，类似近代西方资本主义国家通过控制股权形成的母子公司；另外，还实行联号制，即一财东（或几个合伙财东）投资办若干个不同行业的各自独立核算和经营的商号或票号，在业务上相互联系、相互服务、相互支持。这种网络体系近似现代企业集团。太谷曹家的企业在19世纪20—50年代涉足13种行业，有640多个商号，3.7万名职工，资本1000多万两白银。其商号名称多数冠以"锦"字，如锦霞明、锦丰庆、锦泰亨绸缎庄，锦泉涌、锦泉汇、锦丰焕、锦丰典、锦隆德钱庄，锦元懋账庄，锦生润票号等，分布于朝阳、赤峰、建昌、凌源、锦州、四平、太原、榆次、屯留、长子、黎城、襄垣、东观、天津、北京、徐州、济南、苏州、杭州、上海、广州、成都、兰州、张家口、库伦及恰克图、伊尔库茨克、莫斯科等地。它包含多家商号、多种经营、多处分支庄号，形成了曹家的商业网络。在管理上，通过励金德管理设在太原、潞安及江南各地的商号，通过用通五管理设在东北的各商号，通过三晋川管理设在山东的各商号。励金德管辖的彩霞蔚绸缎庄下辖张家口的锦泰亨、黎城的瑞霞当、榆次的广生店、太谷的锦生蔚商号。其经营和盈亏，财东曹氏不直接过问，由彩霞蔚负责，彩霞蔚向励金德负责。如果彩霞蔚所属锦泰亨等商号经理需面见财东，则彩霞蔚所属锦泰亨等商号经理先见励金德经理，再由励金德经理引见财东。在保持各商号独立核算的基础上，由上一级商号领导进行相互信息交换，联合采办商品、融通资金、人才调剂等，发挥综合优势，形成了强有力的曹家企业集团。除独资企业之外，合伙企业也有很多。清末俄国驻塔城领事馆官员尼·

维·鲍戈亚夫连斯基在《长城外的中国西部地区》一书中说："汉族人则特别喜欢联合行事，特别喜欢各种形式的合股。……有些商行掌握了整省的贸易，……其办法就是把某一地区的所有商人都招来入股。因此，在中国早已有了现代美国托拉斯式企业的成熟样板。当前在中国西部地区的主要是山西和天津的商行。"这种管理体制使晋商资本雄厚，分支机构多，业务覆盖面很大，不仅囊括了黄河流域、长江流域、云贵高原、青藏高原、东南沿海、东北地区、西北地区，而且东渡日本，北出俄国、欧洲，到处开展商业活动。他们不放过任何一个赚钱的机会，诸如宁夏枸杞、西藏麝香、武夷茶叶及日本生铜、高丽人参、俄国金属制品、欧洲洋货，都是山西商人经营的业务。山西介休的皇商范氏，在18世纪往返于长江口和日本长崎之间，当时国内约有洋船15艘，范氏就拥有六七艘，垄断从日本进口铜的贸易七八十年。山西商人通过远距离长途贩运贸易中，逐渐开拓和形成了几条商路，其中主干线南起广州，中经山西晋中，北经内外藩蒙古、新疆，以至俄国，进入欧洲市场。

二、商人足迹遍布天下

山西商人的活跃，古代文献多有记载，到明代已在全国享有盛誉。清代初期，山西商人的货币经营资本逐步形成，不仅垄断了中国北方贸易和资金调度，而且涉足整个亚洲地区，甚至把触角伸向欧洲市场。可以说，从蒙古草原上的骆驼商队，到吴淞口出海的商船，都有山西人在计价核算；从呼伦贝尔的醋味，到贵州茅台的酒香，都有山西人在酿造叫卖。难怪有人说："凡是有鸡鸣狗叫的地方，都有山西人"，"凡是有麻雀的地方，就有山西人"。

如今，晋商遗迹随处可见：甘肃的老西庙、新疆的古城塔、昆明金殿的铜鼎、江苏扬州的亢园、安徽亳州的花戏楼，大都是山西商人创建的；山西会馆遍布全国各地，共有80余所，涉及北京、天津、辽宁、山东、安徽、江苏、广东、浙江、湖北、四川、甘肃、广西、青海、吉林、福建、陕西、河南等省、自治区、直辖市；以山西商人、字号命名的城市街巷，至今犹存，例如：张家口的日升昌巷，包头的复盛西巷，呼和浩特的定襄巷、宁武巷以及蒙古国科布多的大盛魁街等。因此，在东北流传着"先有曹家号，后有朝阳县"、在内蒙古流传着"先有复盛公，后有包头城"、在西北流传着"先有晋益老，后有西宁城"的谚语。

山西背井离乡外出经商者究竟有多少，迄今无法稽考。唯 1933 年 7 月 1 日截止的山海关报告反映，东北沦陷，从关外返回的山西商人达 17 万人之多，据在东北者估计不及晋商在关外总数的 1/3。1920 年，阎锡山接见因俄国十月革命从俄国返回的山西商人代表时，汾阳代表说，在俄国的山西商人有 1 万人。

综上所述，足以说明山西商人经商的地域之广、人数之多。

三、商品经营资本与货币经营资本混合生长、相互支持

货币经营资本是随着商品经营资本的发展而发展起来的。随着山西商人资本的发展，山西商人逐渐办起了不同业务形式的金融商号，如经营银钱兑换的钱庄、经营货币信贷的账庄、经营异地汇款的票号、经营消费信用的当铺、经营小额短期借款的印局等。可见，山西商人把商业资本和金融资本融为一体，既投资商品经营资本，又投资货币经营资本。开始时，这些业务在商号内附设，以后逐渐成为独立经营的货币商号，形成金融业。这些商号被西方人称为"山西银行"。山西商人既投资商业也投资"银行"，往往一个财东既有商店，又有票号、钱庄。如介休县的冀家既有绸缎、茶叶、皮毛、布匹、杂货等商号，又有账局、钱庄、票号、当铺等金融机构，仅在湖北襄樊一带就有 70 余家商号、十几家当铺，经营地点南起湖北，北到库伦。晋商的金融业首先是支持其百货业的资金需要，可以说晋商以商业和金融业相互渗透、混合生长的形式，形成了银企互济、高效融资的合理机制，既加速了资本周转和增殖，又壮大了经营规模。

四、依托政府和结交官吏

明清两代，富商与官府之间，特别是巨贾与朝廷之间有着密切甚至休戚与共的关系，这就使一部分商家具有了官商乃至皇商的性质。如清太宗皇太极未入关之前占领抚顺时，山西商人就与其建立了联系，进行人参、貂皮交易。清入关时，曾以招抚山西商人为一大急务。入关后，顺治皇帝召见介休商人范永斗等，赐张家口房产，隶内务府籍，为皇商。康熙三十五年（1696 年），在平定噶尔丹叛乱时，张杰、史大学、王相卿等一批山西商人随军进入外藩蒙古乌

里雅苏台和科布多地区从事随军贸易，以服务军需为要务。在得到清廷赏识后，得以受"龙票"，从事与蒙古贸易以及中俄贸易。这是封建社会的山西商人能在竞争中取胜并不断开拓业务的重要特征。

晋商与封建政府之间的结托关系，表现形式很多，如明代扬州盐商，商籍有山西而无安徽，说明山西商人与政府有着特殊的关系。入清后，山西商人在政治方面的优势依然没有动摇，徽商为了争取上风，不得不采取交际方式笼络政府官员。在这方面，山西商人也毫不逊色，且有其独到之处。如，蔚盛长交好庆亲王，百川通交好张之洞，协同庆交好董福祥，大德通交好赵尔巽和庆亲王，三晋源交好岑春煊，日升昌交好历任粤海关监督、庆亲王、伦贝子、振贝子和赵舒翘等。清政府把山西商人作为推行财政政策和军协饷供应的工具。咸丰时，清政府为筹集军饷，大开捐纳鬻官之门，规定文官可至道台，武官可至京堂二品、各部郎中等。

五、积累大量财富，使山西成为"海内最富"

山西商人经过宋、元几代的经营，在明代崛起，一个重要标志是有较多的资本积累，并成为一个全国著名的地方商帮。与此同时兴起的商帮还有陕西商帮、宁波商帮、山东商帮、广东商帮、福建商帮、洞庭商帮、江右商帮、龙游商帮、徽州商帮，号称"中国十大商帮"。

与山西商帮并驾齐驱的是徽州商帮，被誉为明清时代的天下两雄。而山西商帮又超过徽州商帮，其重要标志是山西商人的资本积累多于徽州商帮。"富室之称雄者，江南则推新安（徽州），江北则推山右（山西）。新安大贾，鱼盐为业，藏镪有至百万者，其他二三十万则中贾耳。山右或盐，或丝，或转贩，或窖粟，其富甚于新安。"① 山西富室甚于新安，是山西哪些富商呢？自然是南部的平阳府。"平阳、泽、潞豪商大贾甲天下，非数十万不称富"②，但此时山西并未成为富省。由康熙、雍正到乾隆，山西富户由南部向中部汾州、太原府发展，平阳、汾州两府为山西的殷富之乡。至乾隆年间，"山西富户，

---

① 谢肇淛. 五杂俎：上 [M]. 呼和浩特：远方出版社，2005.
② 沈思孝. 晋录 [M]. 北京：中华书局，1985.

百十万家资者，不一而足"① 了，但仍未成为富省。乾隆之后，又经嘉庆、道光约五十年的发展，山西被称为富省，与广东并列。"伏思天下之广，不乏富庶之人，而富庶之省，莫过广东、山西为最。风闻近数月以来，在京贸易之山西商民，报官歇业回籍者，已携资数千万出京，则山西省之富庶可见矣。"② 光绪时，晋商各家的财富登峰造极。据徐珂《清稗类钞》记载，达三十万两白银以上的主要大户资产如下：平阳亢氏资产数千万两；介休侯氏资产七八百万两；太谷曹氏资产六七百万两；祁县乔氏资产四五百万两；祁县渠氏资产三四百万两；榆次常氏资产百数十万两；太谷刘氏资产百万两内外；榆次侯氏资产八十万两；太谷武氏资产五十万两；榆次王氏资产五十万两；太谷孟氏资产四十万两；榆次何氏资产四十万两；太谷杨氏资产三十万两；介休冀氏资产三十万两；榆次郝氏资产三十万两。以上数字是晋中商人兴盛和山西成为富省的一个重要表现。清代晋中有十大商贸家族：最早成为商贸巨族的是介休张原村的范氏家族和灵石静升村的王氏家族；最富的是介休北贾村的侯氏家族，其次是太谷北洸村的曹氏家族；票号和商业全面兴旺的是祁县乔家堡村的乔氏家族和祁县城内的渠氏家族；最有名气的典当业家族是榆次聂店村的王氏家族和介休北辛武村的冀氏家族；对俄贸易的首户当属榆次车辋村的常氏家族；金融资本最强大的票号资本家是平遥达蒲村的李氏家族。

山西成为富省的另一个突出表现是城乡拥有众多大宅，建筑辉煌，呈现出荣华富贵的气派。晋中市有灵石的王家大院，于康熙至嘉庆年间先后建成。它依山而建，分为红门堡和高家崖两部分，前者地势由上而下为坡形，建筑按"王"字形排列；后者地势为平面，两部分之间有一深沟，沟上建桥连为一体。占地总面积 15 万平方米，建筑总面积 31528 平方米，大小院落 123 处，共有房屋 1118 间，建筑规模宏大，砖、木、石雕千姿百态，堪称山西一绝。祁县城内的渠家大院，占地 5300 平方米，建筑面积 3200 平方米，为罕见的五进式穿堂院，内分 8 个大院，19 个小院，还有一座戏台院，为山西乃至全国独一无二。祁县乔家堡的乔家大院建于嘉庆、道光年间，该院中间为甬道，南北排列，6 个大院相对，占地 8700 多平方米，房屋 313 间，设计精巧，气势宏伟，布局严谨，威严高大，富丽堂皇。太谷县曹家大院（三多堂）是一座

---

① 清高宗实录：卷一千二百五十七：乾隆五十一年六月庚寅 [M].
② 清档，和硕惠亲王等，咸丰三年四月十一日奏折。

"寿"字形的深宅大院，占地 10638 平方米，房屋 277 间，院内最后建有高楼，十余里均能看见。该院建筑古香古色，南北风格融合，堪称民宅之奇葩。榆次常家，分南常、北常两大支。北常的院落为一条街，由西向东，一字排开，延长数百米，座座院落相通，沿街设大门，多为二进三进院。最东为家祠和家庭学校建筑。把住宅建成一条街，实为罕见。以上仅以几家有代表性的民宅建筑，就足以说明当时晋中商人的富裕程度。

第三章　晋商优秀传统文化

通观山西历史文化资源，晋商及其文化的出现与发展独具魅力。晋商文化历史悠久、内涵深厚、丰富多彩，已经受到社会各界的关注。正如张正明所说："通过长期的研究和探索，我们认为，晋商文化的内涵非常丰富，具有多学科、多角度、多领域的研究价值和审美意义。"[①]

晋商文化研究在近20年来受到社会和学术界的重视，取得了丰富的研究成果，也表现出很强的现实指导价值。在经济领域，它的现实价值得到了进一步的体现。从经济史学的角度来看，探究、发展晋商优秀传统文化，有利于促进和深化晋商经济史研究，有利于发展区域文化与区域经济，体现晋商优秀传统文化现实价值，有利于经济、社会的发展。本章从"文化"一词入手，界定晋商文化的概念，探讨晋商文化产生的环境，论述晋商文化的形成过程以及晋商优秀传统文化的内容。

❀ 第一节　文化释义

我们在日常生活中经常使用"文化"这个词，有时用它来表示知识量，有时则用它来表述某种文明。在表述文明时，有许多内容，如时间上的传统文化、现代文化，地域上的东方文化、西方文化，考古学上的殷墟文化、仰韶文化、丁村文化、龙山文化、玛雅文化，建筑学上的建筑文化，日常生活上的餐饮文化、茶文化、酒文化、服饰文化，企业行为上的企业文化、经营文化，商业上的晋商文化、徽商文化，宗教哲学上的儒家文化、道教文化、佛教文化，等等，不胜枚举。

---

① 张正明. 研究晋商文化发挥积极作用 [N]. 山西日报，2004-07-26 (2).

一、文化一词的由来

在我国古代，"文"，本义是纹理，如《周易·系辞下》载"物相杂，故曰文"，《礼记·乐记》载"五色成文而不乱"，《说文解字》载："文，错画也，象交文"，等等，都是指各色交错的纹理。"文"，还指文物典籍、礼乐制度，如《论语·子罕》中记载孔子说"文王既没，文不在兹乎"，就是指周礼制度。"文"，还指彩画、装饰、花纹，如《尚书·禹贡》载"厥贡漆丝，厥篚织文"，这里的"织文"就是指染有花纹的丝织品。"文"与"质"相对，有休养的意思，如《论语·雍也》载"质胜文则野，文胜质则史，文质彬彬，然后君子。""文"也是与"武"相对的字。除此之外，文还被赋予了仁爱、文字、符号、语言描述等意思。

"化"，古代的本义为改易、生成、造化，指事物形态或性质的改变，如《庄子·逍遥游》载："化而为鸟，其名为鹏"。在后世，"化"又引申为教行迁善之义。

"文"与"化"并联使用，较早见于《周易·贲卦·彖传》中的记载："刚柔交错，天文也。文明以止，人文也。观乎天文，以察时变；观乎人文，以化成天下。"在这里，"人文"的内容就是"文明以止"，而用"人文""化成天下"，就是"文化"的功能性行为。

西汉以后，"文"与"化"方合成一个整词，如刘向《说苑·指武》中载"文化不改，然后加诛"，束皙《补亡诗·由仪》中说"文化内辑，武功外悠"。"文化"的意思是"以文教化"，表示对性情陶冶、品德教养，都是精神领域里的含义。

今天，"文"被赋予更多内涵，如自然界或人类社会某些规律性的现象、语言的书面形式、文章、社会科学、公文等。①

综上可知，"文"是内容、形式；"化"则是对人而言的功用，此功用主要体现为精神领域里的陶冶、教养等。晋商文化也是从这个意义上界定的，是指具有精神领域里的陶冶、教养功能的文化，并非所有与晋商相关的现象。

---

① 李行健. 现代汉语规范字典［M］. 北京：语文出版社，1998.

二、文化的性质

由上文可知，就中国传统而言，文化是指纹理、彩画、装饰、花纹等艺术，也有文物典籍、礼乐制度、休养、仁爱、文字、符号、语言描述等意思，同时具有自然界或人类社会某些规律性的现象、语言的书面形式、文章、社会科学、公文等内涵。

从国外看，"文化"（Culture）的词源来自拉丁文 Cultus。其最初的含义是与农耕文明相关的土壤改良和家畜养殖。随着人类的发展，物质生活不断丰富，并逐渐提高到精神层面的高度，于是"文化"一词被添加了新的含义：艺术与智力；作为整体的社会生活习性、信仰、思想方式与特征等。在现代英语中，Culture 同时具有以下含义：人类能力的高度发展，锻炼，修养；人类社会智力发展的证明，文化、文明；一个民族的智力发展状况；某一社会、种族特有的文艺、信仰、风俗等；培养、种植、饲养；等等。据统计，英语中"文化"一词共有 260 种含义与用法，是英语中词义最丰富的少数几个单词之一。[①]

综上可知"文化"的基本性质。文化是由人类创造的，有人类自身的属性，因此，文化与人们的日常生活关系密切；文化的容量很大，包罗万象，内容丰富；文化对人有陶冶情操、教养的功能；同时，文化是不断发展的，有很强的发展性、继承性。

三、文化的定义

《辞海》（第七版）中，文化的概念被区分为广义和狭义两种。广义上的文化，是指人类社会的生存方式以及建立在此基础上的价值体系，是人类在社会历史发展过程中所创造的物质财富和精神财富的总和。从这个概念可见，文化的容量很大，凡是人创造的都可以说是文化。狭义上的文化，是指人类的精神生产能力和精神创造成果，包括一切社会意识形式：自然科学、技术科学、社会意识形态。[②] 这个概念仅仅把意识领域和观念形态上的精神文化视为文

---

① HORNBY A S. 牛津现代高级英汉双解词典 ［M］. 北京：商务印书馆，1988.
② 陈至立. 辞海 ［M］. 上海：上海辞书出版社，2020.

化，它包括社会伦理道德、政治思想、文学、艺术、哲学、宗教、科学技术、民情风俗、民族心理、思维方式等。

通过以上众多研究成果不难发现，文化包含的内容与范围非常广泛，既有精神领域里的宽泛内容，也有"彩画、装饰、花纹""人类社会智力发展的证明""自然界或人类社会某些规律性的现象"等物质领域里的广大内容。我们以《辞海》（第七版）定义的"广义文化"为参考对象，对与晋商文化相关的物质领域和精神领域的文化现象进行研究。

第二节　晋商文化释义

近些年，"晋商文化"这个词在社会上被广泛而频繁地使用，尤其是在经济史研究、社会学研究和旅游开发中的使用频率很高，但是晋商文化的具体概念并未得到统一的认定。晋商文化是晋商文化资源的核心。目前，学术界对晋商文化的研究正日益深入，本书借鉴了其他学者的认识，对晋商文化进行分析与思考，并提出自己的一些看法。

一、晋商文化的定义

"晋商文化"一词在许多地方多次出现，但对其进行学术上明确界定的却不是很多。在对晋商文化进行定义的学者中，邱文选、孔祥毅两位学者的定义非常值得借鉴。

诚如前文所言，文化，从广义上讲，是人类在社会历史发展过程中所创造的物质财富和精神财富的总和；从狭义上讲，是指人类的精神生产能力和精神创造成果，包括一切社会意识形式：自然科学、技术科学、社会意识形态。

从以上意义出发，邱文选在《浅议晋商与晋商文化》中认为，晋商文化即山西商人（即晋商）在从事商业（品）交换活动的历史实践中所创造的商品财富（利润）和经营经验（精神财富），以及由此衍生、发展而来的商行制度、商业道德、商会组织等商业文明。[①]

孔祥毅在《晋商文化及其特点》中提出，商业文化是商人创造的物质财

---

① 穆雯瑛. 晋商史料研究 [M]. 太原：山西人民出版社，2001.

富与精神财富的总和。晋商文化是由山西商人创造的物质财富和精神财富，包括晋商的财富及商业组织制度、商业技术、经营艺术、商路关隘、城乡建筑、庙宇奉祀和商业教育、社会习俗等整个商业文明体系。①

以上两位学者对晋商文化做了精辟的定义。但研究晋商不仅要看到其成功的一面，更要关注其由盛而衰的教训。因此，本书将晋商文化定义为：由历史上主要为明清时期的山西商人创造的物质财富和非物质财富的总和，包括遗存至今的和通过研究可挖掘到的晋商的财富及商业组织制度、商业技术、经营艺术、商路关隘、城乡建筑及其文化、庙宇奉祀、商业教育、社会习俗、商业教训等整个文明体系。

二、晋商文化的性质

按照前文对文化的理解，晋商文化的性质是：有商人自身的属性，同时与历史上晋商的生产生活关系密切；晋商文化的容量很大，包罗晋商的物质财富及商业组织制度、商业技术、经营艺术、商路关隘、城乡建筑及其文化、庙宇奉祀、商业教育、社会习俗、商业教训等整个文明体系，内容十分丰富；晋商文化主要指对人有陶冶情操、教养功能，能使人学得经验、吸取教训的部分；同时，晋商文化在历史上是不断发展、完善的，还需要进一步挖掘其文化内涵，而且晋商文化在今天也是不断发展的，还有一定的继承性与实用性，它离我们并不遥远。

如今我们研究晋商文化现象，可以了解晋商文化的文化渊源、发展环境、历史作用，进而对今天的市场经济、企业管理提供一些思考，起到一定的借鉴作用。

❀ 第三节 明清时期晋商文化发展环境分析

虽然晋商很早就在中国的经济舞台上扮演了重要角色，但明清以前，晋商经商的空间范围并不是很大，整体规模也较小，没有形成大型商帮，因此外出

---

① 孔祥毅. 晋商文化及其特点［M］//高增德. 晋商巨擘：晋商·常氏文化学术研讨会论文集. 太原：山西经济出版社，2005.

经商时往往显得势单力薄。明清时期，晋商十分兴盛，在整体经营规模、经营内容、经营力度、影响范围方面的成就非常突出。明人谢肇淛在《五杂俎》中说："富室之称雄者，江南则推新安，江北则推山右。新安大贾，鱼盐为业，藏镪有至百万者，其他二三十万则中贾耳。山右或盐，或丝，或转贩，或窖粟，其富甚于新安。"① 清末李宏龄在其《山西票商成败记》序中说山西票庄："分庄遍于通国，名誉著于全球。日人楢原陈政所著之《清国商况视察书》，亦称票商处事敏捷，金融圆活，诧为得诸意外。故数百年来，中国商业之盛，莫盛于西帮票商，此固中外人士所公认者也。"② 那么，为什么在明清时期晋商能有如此大的发展，最后又迅速衰退，退出历史舞台呢？解析晋商的兴盛与衰退问题，要从晋商文化的生存环境着手，这对于全面理解晋商文化非常重要。

一、商品经济发展的政治政策环境

商业的发展总是与商品经济的发展相关联。晋商文化的形成也是如此。早在"日中而市"时期，由于人们对相互之间物品的需求，产生了商业活动。晋商在发展过程中，每一次崛起都与商品经济的发展相关，同时又推动着商品经济的发展。

商品经济环境的变化，首先与生产力水平相关，但在推进商品经济发展的过程中，商品经济环境的改善往往与统治者采取的相关政策密切相关。

晋国初立时，历代国君推行的"启以夏政，疆以戎索"政策带来了农业经济的繁荣，推进了商品经济的发展，改善了晋国的商品经济发展环境。晋文公以后的"轻关易道，通商宽农"经济发展政策，以及晋悼公的"公无禁利"和"输积聚以贷"政策都进一步改善了晋国的商品经济发展环境，促使商品经济产生了一个小高潮。当时猗顿听从陶朱公"子欲速富，当畜五牸"的建议，而选择到晋地的猗氏来发展畜牧业。猗顿之所以选择猗氏作为畜养五牸的地方，既与猗氏水草丰美的地理环境有关，也与当时晋国"通商宽农"的商品经济环境吸引力有关。

---

① 谢肇淛. 五杂俎：上［M］. 呼和浩特：远方出版社，2005. 其中，"新安"指徽州，"山右"则指山西一带。

② 李燧，李宏龄. 晋游日记·同舟忠告·山西票商成败记［M］. 太原：山西经济出版社，2003.

东汉和帝刘肇继位时，年仅 10 岁。窦太后临朝，为了缓和皇室统治集团和富商大贾之间的矛盾，宣布"罢盐铁之禁，纵民煮铸"①。也就是鼓励人民从事煮盐炼铁的生产活动，这在一定程度上推动了商品经济的发展。杨坚建立隋朝之后，为了休养生息，发展经济，壮实国库，于开皇三年（583 年）正月，"先是尚依周末之弊，官置酒坊收利，盐池盐井，皆禁百姓采用。至是罢酒坊，通盐池盐井与百姓共之，远近大悦"②。可见，实行开放政策，改善商品经济环境，对于发展社会经济是有利的。

唐朝时期，多数统治者都重视施行通商政策，商品经济环境较为宽松，商品经济与社会文化取得了前所未有的发展，甚至使中国成为世界各国商人、学子向往的国度。

盐是中国古代一种十分重要的战略资源，历朝历代都十分重视对它的经营管理，山西许多商品经济发展环境的变化都与盐有关。宋雍熙（984—987）以后，由于朝廷对外用兵，一时边塞缺乏粮草，朝廷就采取对应措施，鼓励商人运送粮草到边塞，以道路的远近规定其代价，并发给相应的证券——"交引"，商人持交引可以到京城领取现钞，也可以到产盐区、产茶区换取盐和茶进行运销商业活动，这就是折中法。折中法的实质是以不同的商品进行互换，商人通过折中取得运销盐的权利，进而获利。折中法带来了经济繁荣，但由于控制不力，受到商人操纵，使运销食盐的大量利润流入豪商之手。庆历八年（1048 年），朝廷对盐的运销办法进行了重大改革，当时任陕西提刑兼制置解盐使的范祥制定了盐钞法，又称钞盐法。③ 沈括的《梦溪笔谈》中记载："陕西颗盐，旧法官自搬运，置务拘卖。兵部员外郎范祥始为钞法，令商人就边郡入钱四贯八百，售一钞，至解池请盐二百斤，任其私卖，得钱以实塞下。省数十郡搬运之劳。异日辇车牛驴，以盐役死者，岁以万计，冒禁抵罪者不可胜数，至此悉免。"盐钞法调动了商人的积极性，推动了食盐运销业的发展。从今天的分析来看，一个物资运输商贸活动的发展，总是要带动一系列相关产业的发展，因此，商品经济环境的改善对于商品经济发展的推进作用是不可估量的。当然由于控制手段不力，盐钞法在实行过程中产生了许多弊端，但宋朝时期的折中法和盐钞法在明清时期又得到了很充分的改进和运用，为晋商成为巨

---

① 范文澜. 中国通史简编 ［M］. 北京：人民出版社，1953.

② 魏徵，等. 隋书 ［M］. 北京：中华书局，1973.

③ 柴继光，李希堂，李竹林. 晋盐文化述要 ［M］. 太原：山西人民出版社，1993.

商大贾，形成名闻海内外的商帮组织提供了绝好的商品经济环境。

元朝时期，为了方便管理、生产和运销河东池盐，朝廷专门建立了运城。

明朝时期，因为要打击北元残余势力，设置九边重镇，边关防御对粮草等军用物资需求量很大。尽管明朝政府采取了屯田制度，但由于地理条件恶劣，收效甚微，不能满足数十万兵马的军需。朝廷必须拨运粮饷供应军需，但收效不佳，不但成本高、效率低，还使直隶、山东、河南、山西、陕西等省农民苦不堪言。于是明朝政府在洪武三年（1370年）采取开中法政策，朝廷利用国家控制的食盐专卖权，让商人运粮实边。按照开中法政策，商人只要把粮食运到边境粮仓，便可向政府换取贩卖食盐的盐引，然后凭盐引到指定的盐场支取食盐，再到政府规定的销盐区销售食盐，从而取得商业利润。在开中法实行的过程中，以粮换盐引的做法还发生了一些变化。从明正统年间起，边饷的发放方式由发粮逐渐变为发银，银币变为通货，边饷政策由以粮食为中心变为以银币为中心，边塞兵士的消费结构发生了变化，兵士卖粮买物有了很大的选择权，给商人的商品运销生意带来了很大的商机。[1] 崇祯《山西通志》卷六《风俗》大同府条记载："……虽涉荒徼，商旅辐辏，以浮靡相炫耀……"说明当时作为边镇之一的大同，商贾云集，十分富庶，可见商品经济是很发达的。这种发达与明朝政府的实边政策有直接关系。

明天顺、成化年间，在推行纳粮开中的同时，又准予纳银开中，在盐运司纳银也可以领取盐引了。这样一来，边境商人不需要往边境运输粮草物资也可以通过纳银的方式获得盐引，被称为"折色"。于是，一部分商人转向内地，变成专门向盐运司纳银领取盐引的商人；另一部分商人则仍然在边境从事以纳粮换取盐引的商贸活动。由此边塞商人分为内商和边商两部分。可见政府提供的商品经济政策环境对于商人类型分化与转变起着十分重要的促进作用。

刘建生等在《晋商研究》中提道："早在清兵入关以前，一些晋商便以张家口为基地，往返于关内外，为满族统治者输送物资，甚至提供情报，传递文书，对清兵入关推翻明王朝，多有出力。"[2] 其中介休范氏尤为突出。清朝早中期，介休范氏在康熙、雍正、乾隆三朝曾经成功地输送大量粮秣到西征前线，卓越地完成了后勤供给任务，尤其是出私财数百万两支援军需，在官商史上更是前所未有。清政府为了感谢晋商的资助，给晋商（尤其是皇商）许多

---

① 柴继光，李希堂，李竹林. 晋盐文化述要 ［M］. 太原：山西人民出版社，1993.
② 刘建生，刘鹏生，梁四宝，等. 晋商研究 ［M］. 太原：山西人民出版社，2005.

经济特权，比如特许范氏经营河东和长芦两处引盐的运销，范家执有长芦盐引100718道。① 晋商票号由于与清廷的关系，主要业务定位是为清政府汇解京饷和军协各饷，解缴税款，为政府筹借和汇兑款项等。由于政策上的倾斜，晋商获得了更多商业利润。但这种优势对其他地域的商人来说则是一种发展压力，引起了其他商帮的忌妒与排挤。

到了清朝后期，内忧外患使清政府多次采取苛捐杂税、强迫晋商亏本经营，使晋商蒙受了巨大损失。同时，众多不平等条约使外国商人的势力直入内地，晋商失去了政治政策上的保障，迅速走向衰败。这正是政治政策环境重要意义的证明。

虽然晋商的衰败不能全都归结为政治政策环境方面的原因，但通过对以上资料进行分析可知，政治政策发展环境的确是晋商文化现象产生的重要原因之一。在对政策环境利用的过程中，晋商自然地形成了对政策倾向性的依赖，这就造成了晋商文化中官商结合特性的根源。

纵观晋商文化发展史，政策环境宽松是其发展的必要条件，但宽松的政策失去必要的控制又会导致社会利润分配不平衡的弊端。

总的看来，宽松的经济政策利大于弊，今天我国实行的社会主义市场经济给了市场很大的自主性，同时国家宏观调控又实现了必要的控制引导，这是符合社会经济发展的客观规律的，哪一方面都不偏废，才能保证社会、经济、文化和谐、稳定发展。同时，社会政治制度稳定是经济发展的必要保障。清末社会政治制度复杂多变，给晋商带来了许多磨难，也是晋商走向衰退的重要客观因素之一。

二、自然环境

晋商文化的形成和发展与当地的经济发展环境也有密切的关系。山西向来有"八分山丘二分田"之说，境域内山峦起伏，山地占到总面积的73%以上，黄土丘陵占12%左右，盆地平原占比不足15%。北部、西部土地贫瘠，交通不畅，人民贫困；中部、南部处于汾河谷地两侧，土地较为肥沃，交通也比较方便，但在历史上人稠地稀，农业产量小，许多土地靠自然雨水和洪水灌溉，百姓常有十年九旱的说法，粮食往往不够家用。因此，在以农为本的封建社

---

① 刘建生，刘鹏生，梁四宝，等. 晋商研究 ［M］. 太原：山西人民出版社，2005.

会，百姓很少有其他收入，生活窘迫。清朝朱轼《朱文端公文集·补编》卷四记载："查山陕二省，地瘠民稠，即丰年也不足本省食用，全凭东南各省米艘，由江淮溯河而北，聚集豫省之河南、怀庆两府，由怀庆之清化镇太行山口运入山西，由河南之三门砥柱运入潼关，秦晋民人，藉以糊口，由来已久。"清朝孙嘉淦《孙文定公奏疏》卷三记载：山西"人稠地狭，本地所出之粟，不足供居民之用，必须仰给河南、陕西二省"①。光绪年间的《五台新志》记载："晋俗以商贾为重，非弃本而逐末，土狭人满，田不足于耕也。太原、汾州所称饶关之数大县及关北忻州，皆服贾于京畿、三江、两湖、岭表（五岭以南）、东西北三口〔古北口、张家口、归化城（今呼和浩特）〕，致富在数千里或万里之外，不资地力。"② 由于粮食缺乏，所以需要从外地输入，粮食的大量买进，多由晋商贩运，这就为晋商从事粮食商贸活动提供了条件。而且山西人多地少，有限的土地资源不能解决全部劳动力问题，剩余劳动力只得自寻出路，由于地理位置、传统民风、物产资源等方面的原因，山西人选择了从事商贸运销活动。因此，许多人从事商贾活动。在农为本、商为末的封建社会，从事商贾被视为舍本求末，但《五台新志》认为，山西人民从事商贾活动是生活所迫，而且山西风俗以商贾为重，因此晋人从商是天经地义的事情。

山西尽管耕地较少、土地贫瘠，但其他物产资源却很丰富。山西是产铁地区，明末清初时，大同、宣化开设马市，山西商人已贩铁货出塞。入清以后，山东、直隶、河南、陕西都用山西潞泽铁货。光绪《聊城县乡土志·商务志》载："铁货自山西贩来。"光绪《潍县乡土志》载："铁器，山西客商贩来，销售岁约五千金。"光绪《束鹿县志·物产志）载："铁器……多由获鹿、山西泽州、潞安等处运来。"光绪《雩都县乡土志》载："铁货，如铁钉、铁锁之类，除自制外，由山西泽州、潞安等府，水运至河口，由河口陆运至雩，每年共销六七万斤。""铁锅由山西运来，每年约销五百口。"

顾炎武《肇域志》中记载："绫：太原、平阳、潞安三府及汾泽二州俱出。绸：出潞安府，泽州之间有之。铁：各处多有，冶惟阳城尤广。黄铁：交城静乐县有冶。铜：代州风游谷及垣曲县北山俱出……"山西运城的池盐盐质较好，在当时的产量也较大。由于人多地少，生活艰辛，人们不得不充分利用当地自然资源，从事加工制作活动，出售产品，以换回自己需要的物资。晋地

---

① 孙嘉淦. 孙文定公奏疏：卷三 [M].

② 徐继畲. 五台新志：卷二 [M]. 崇实书院，1883.

极为丰富的自然资源，为人们从事商业活动奠定了物质基础。

三、区位与交通条件

山西地形狭长，全境山地遍布，西部、南部以黄河为界，与陕西、河南相邻，东面是太行山并与直隶相接，从大同至风陵渡有一条谷地纵贯全境，为南北物资运输提供了一条天然通道。北部与内藩蒙古草原接壤，南部与中原政权的统治中心（不论是唐都长安，还是宋都汴梁）隔河相望。处于这样的地理位置，无论是游牧部落，还是中原政权，都把山西作为军事攻击时最直接的通道。

明朝推翻元朝统治后，并没有统一东北辽东以外和长城以外的广大地域，这些地方缩聚着北元残余势力，为了边境的稳定，明朝政府沿边塞设立了九镇驻兵把守。大同、偏头关在军事地位上实际就是北京的西大门，尤其是大同，更是西北重镇。它们位于山西北部，天然通道的北端。而且宣府、延绥、宁夏等镇与山西相距不远。因此，在朝廷实行开中法制度后，这种地理优势就凸显出来，山西商人获得了天时、地利、人和的绝好发展机会，迅速发展起来。边境吃紧，也使长城内外人民对相互商品的需求变得迫切起来，山西的区位和交通优势越发重要。茶马交易因此在晋商中发展壮大，张家口就是在这种情况下成为重要马市之一。

清朝统一蒙古地区以后，许多马市失去了存在的价值，但被称为东口、西口的张家口和杀虎口仍然承担着交通要道的角色。

大约康熙三十年（1691年），山西人开始"走西口"。刚开始是种边外荒地，但仍住在边内。户部尚书马齐等言："臣等查勘，右卫（即今右玉县）与归化城相近，应移右卫人民出城外，令住郭内。"① 山西的区位优势既造就了一批像渠家、乔家这样的大富商，也给归化城的商业经济带来了繁荣。

1644年，清军入关，迁都北京。清朝统一了关东、内外藩蒙古、新疆、西藏等地区，对这些边疆地区的统治和建设，为山西商人的发展提供了新机遇。尤其是雍正六年（1728年），中俄签订《恰克图条约》，乾隆二十年（1755年），将中俄贸易全部集中在恰克图进行，山西商人成为中俄贸易的垄

---

① 黄鉴晖. 晋商经营之道［M］. 太原：山西经济出版社，2001.

断者。经过康熙、雍正、乾隆祖孙三代的屡次征战，西北地区终于被牢固地控制在清王朝的统治之下。这种国家大局的稳定，为晋商的发展提供了极为重要的积极条件，山西成为农业文明和游牧文明经济相互交融的重要位置，一个面积广阔的市场，向晋商敞开了大门。

20世纪上半叶，茶叶是俄国各阶层人民的生活必需品，饮茶之风日炽，"宁可一日无食，不可一日无茶"。山西商人由于区位上的优势，成为沟通中原与塞外和欧洲茶叶供需关系的关键，因而贩运茶叶的数量大增，经营的商品转为以茶叶为主。他们从全国各地进货，兼营对蒙古以及对俄国贸易。到清朝末年，由于海上运输、铁路的发展，尤其是中东铁路、京包铁路的开通，山西的区位优势尽失，这也是晋商衰退的客观原因之一。

四、社会文化环境

山西有悠久的经商历史，历史上富商大贾众多，受人敬仰。春秋末期，"工商食官"的官商制度彻底瓦解，出现了自由商人，猗顿就是一个典型的代表。晋国末期，韩、赵、魏三家分晋，魏国出现了大商人白圭，他从"人弃我取，人取我与"① 的经商之道成为大富商，他的经商之道被后人所称道和继承。

清代，人们把科举高中、做官视为最高理想，但在山西往往最优秀的人才去经商。可见商人在山西社会生活中的地位最为崇高，这已成为山西的一种传统风气。

不同于其他地方鄙视商人的文化，明清时期，在山西求富崇商观念深入人心，养儿去经商成为家家户户的第一愿望。山西省的民俗儿歌中也反映出商人有较高的社会地位，受到世人的尊敬与向往。当时农村少妇哼唱小儿摇篮曲时会唱道："我娃娃蛋，我娃娃亲，我娃娃大了走关东。深蓝布，佛头青，虾米海菜吃不清。"这首摇篮曲生动地说明，当时人们对从商做买卖的向往是多么强烈，连哄小孩睡觉都不忘走关东。"咚咚喳，娶来啦，俺女儿不嫁啦，不嫁你那淘粪的，不嫁你那砍地的，俺要嫁的是字号里的掌柜的。"这样的民谣体现出"重商轻农"的思想，正好与"重农轻商"的时代思想不一致，反映了

---

① 司马迁. 史记·货殖列传［M］. 北京：中华书局，2019.

山西民众不仅不以经商为耻，还以其为追求的文化特色。这样的社会文化是深入人心的，山西商谚云："生子可作商，不羡七品空堂皇。""有儿开商店，强如做知县。""买卖兴隆把钱赚，给个县官也不换。"忻州王锡纶在《馆僮说》中写道："近数十年，忻、太、汾之间，弃农即商，三江两湖，滇、黔、闽、粤以至西北两塞外，万有余里，贸迁所至，足迹几遍。"在当时，山西人从事商业活动十分踊跃。《雍正朱批谕旨》第四十七册记载了雍正二年（1724年）五月九日刘于义奏疏，山西巡抚刘于义上奏说："山右积习，重利之念，甚于重名。子弟之俊秀者，多入贸易一途，其次宁为胥吏。至中材以下，方使之读书应试。"雍正二年五月十二日，雍正帝在其奏疏上朱批："山右大约商贾居首，其次者犹肯力农，再次者谋入营伍，最下者方令读书。朕所悉知。习俗殊属可笑。"[①] 可见当时山西人的崇商思想、重商价值观虽令统治阶级不能理解，却是深入人心的，已经形成了较为稳定的社会文化，这为山西人心安理得地从事商业活动提供了必要的文化环境。

山西人历来有节俭勤奋的民风，同时敢于冒险，积极开拓，不畏艰险。恶劣的自然环境对于山西民风习俗很有影响，使山西人养成了淳朴的民风。史志中有关山西人民风勤俭的记载：太原府"士穷理学，兼集辞章，敦厚不华，淳俭好学，工商务实，勤俭"；平阳府"俭墙耳，甘辛苦，薄滋味，勤于耕织，服劳商贾……蒲解邻秦，其人乃有秦风，隰吉居山，其人多质朴、信实，霍人与平阳颇类"；汾州府"民重厚、知义、尚信、好文"；潞安府"民多勤俭而力农，士尚气节而务学"；泽州"淳而好义，俭而用礼"。[②] 由于环境艰苦，山西人大都艰苦朴素、吃苦耐劳、不畏艰险。清代的李燧描述了山西人的这一特征："……谒关帝祠。时值社会，商贾云集，百货俱陈……见一买饼者，以手颠簸良久，复用戥秤之，争多竞寡，几至相殴。足征唐俗俭啬，虽锱铢之利，性命以之。即此类推，其致富良有由也。"[③] 当然李燧的说法未免有管中窥豹之嫌，但足见时人对山西人俭朴民风的认同。那些不甘于生活现状而被迫外出谋生的商人更是磨炼出顽强进取、不畏艰险、勤俭刻苦的优良品格，这些品格正是晋商文化形成的一个重要因素。

---

① 黄鉴晖. 晋商经营之道 [M]. 太原：山西经济出版社，2001.
② 李维祯. 山西通志 [M]. 北京：中华书局，2017.
③ 李燧，李宏龄. 晋游日记·同舟忠告·山西票商成败记 [M]. 太原：山西经济出版社，2003.

除上述社会文化环境之外，山西人民历来注重教育。明清时山西人受到了比较好的传统文化教育，为晋商及晋商文化的形成与发展奠定了理论基础。马克斯·韦伯认为："任何一项伟大的事业背后，都必须存在着一种巨大的精神力量。更为重要的是，这种精神力量一定与该项事业的社会文化背景有着密切的渊源。"① 查阅《晋游日记·同舟忠告·山西票商成败记》一书中晋商在业务上的往来信件，可知山西商人文化功底较为深厚。秦汉以后，中国的传统文化就变成以儒家文化为主流，讲究"仁、义、礼、智、信"，延续至明清时期更是发展到极致。山西人也崇信关公，注重忠义诚信。这些传统文化给晋商的诚信经营、讲究人和精神奠定了扎实的文化基础和社会文化环境。

结合今天的实际情况，倡导健康积极的价值取向、营造和谐的社会文化是保障社会经济秩序乃至整个社会稳定、持续发展的必要保障。从这一点上来讲，研究晋商优秀传统文化具有十分重要的现实意义。

五、特殊的仕途从政环境

明清两代，基于政治上的原因，统治阶级使用了残酷的手段打击不安分的文人。明清两代士林惨祸迭出，山西才俊多弃仕从商。仅以明朝为例，"迨天下粗定，帝虑诸功臣跋扈难制，为后世子孙患，乃罗织其罪，大肆诛戮，胡、蓝两狱，株连元勋宿将，得免者盖寡，惨核寡恩，从古未之有也"②。据统计，载入《明史》列传中的山西籍官员共有 113 人，其中，被诛、抄家、灭族者 11 人，战死疆场者 16 人，被迫自刭而死者 17 人，被捕下狱而又迁戍者 21 人，被削籍为民者 23 人，被贬官降职使用者 14 人，得以善终者仅有 11 人。从上述统计数字可以看出，明代山西籍官员有 90% 以上不同程度地遭到种种厄运，得以善终者不足总数的 1/10。清代文字狱更是屡兴不绝，如"清风不识字，胡为乱翻书""且把壶儿搁半边""维民所止"等。③ 这些特殊的仕途环境，促使山西人民毅然做出了弃儒从商的决定。票号的首创者雷履泰，太谷曹家的高介臣、杨济溥，祁县乔家大德通票号经理高钰，渠家的渠源祯以及著名票号改革家李宏龄等人无一不是弃儒从商的。

---

① 韦伯. 新教伦理与资本主义精神［M］. 黄晓京，彭强，译. 成都：四川人民出版社，1986.

② 邓之诚. 中华二千年史：卷五上［M］. 北京：中华书局，1983.

③ 刘建生，刘鹏生，梁四宝，等. 晋商研究［M］. 太原：山西人民出版社，2005.

六、商业经济发展状况

生产力水平是不断提高的，同时不断刺激着商品经济的发展，带动商业经济的繁荣。明清以前，商品经济已经得到了一定的发展，山西境内的盐、铁、丝、帛等供给量和需求量都比较大。但明清以前中国的社会生产力水平还不够高，商品经济发展缓慢，晋商虽可以从商品贸易、贩运中获取利润，但大规模发展很困难。

明清时期，中国商品经济步入发展高潮，产品销售已超越地方小市场而扩大到区域性市场，甚至拓展到国际市场，资本主义萌芽也在明代中叶出现。同时由于政治、军事方面的需要，边地人民的生活物资需求旺盛，手工业商品生产专业化分工加剧，社会物资种类更加丰富，数量也大为增加。这些情况都为商人的长途贩运提供了便利条件，促进了晋商的崛起，促成了晋商文化的发展与完善。

清统一全国之后，人们纷纷前往边地垦荒种地，与农业相关的商业经济发展起来，所需农具等铁器主要由潞泽供给。潞泽地区冶铁业发达表现在铁课税额的剩余银两骤增上。当时课税有定额，超过定额征收的银两称为"剩余银两"。据不完全统计，清乾隆、嘉庆年间，铁货交易已达1000万两白银以上。

与明代以生铁和铁锅为主要产品的情况不同，清代潞泽地区的铁制品种类繁多，而且以民用铁器为主，大量向外销售。清雍正《泽州府志》记载：当时对河南的煤铁销售达到"其输市中州者，惟铁与煤，日不绝于途"[1]。明代王世贞在《适晋纪行》中记载他从河南经太行山入山西的行程，其中就说："出修武，发宁郭驿，三十里抵清化镇，山西冶器之集焉。"[2] 河南清化镇是明清时期晋东南铁器的集散中心，从清化往北就是太行山，经碗子城、星轺驿至泽州，再北上过潞安直通太原，这就形成了明代的驿道之一，是潞泽铁器输出至河南的商道。明清时期潞泽商人贩运铁器的另一条商道是经过潞安府北上至大同以及长城以外的地区。根据《明孝宗实录》弘治十四年八月壬申条中记载，大同11州县使用的铁器和耕具，皆由商人从潞州贩运来。[3]

---

① 朱樟. 泽州府志 [M]. 太原：山西古籍出版社，2001.

② 王世贞. 弇州山人四部稿：卷七十八 [M]. 台北：伟文图书出版社，1976.

③ 明孝宗实录：卷一百七十八 [M]. 影校本，1962.

清军入关后，各边疆少数民族地区纷纷内附，外藩蒙古、新疆、西藏等地都纳入清政府统一管辖之下。蕴藏在各边疆地区的巨大商机被释放出来，山西商人的贸易前景无限广阔。在广阔的北方边疆地区，单是草原上牧民帐篷中堆积如山的貂皮，就是在中原地区奇货可居的名贵物品。而换回这些东西，只需要铁锅、盐、茶叶等在中原地区看起来再普通不过的物品。清代方观承在《卜奎风土记》中曾记载当时旅蒙贸易的情景："釜甑之属，极边所少，商贾初通时，以貂易釜，随釜之大小，貂满于釜，然后肯易。"[①] 这本书成于康熙末年，所记是当时集市贸易情况。到嘉庆中期，西清所著《黑龙江外纪》称："商贩多晋人，铺户多杂货铺。"光绪十五年（1889 年）徐宗亮著《黑龙江述略》称："汉民至江省贸易，以山西为最早，市肆有逾百年者"，[②] 从光绪十五年上溯百年，约到乾隆末年，商品经济的发达，使晋商获得了较高商业利润，既为晋商的发展提供了市场，还为山西商业经济的发展提供了资金保证，提供了广阔的发展空间。

今天，国家的政策环境、文化环境和商品经济发展环境都在快速发展与改善，早已非昔日可比。山西省的各项条件也发生了翻天覆地的变化。当前摆在山西面前的一个重要问题是如何更好地改善企业的经营管理，促进社会经济发展，是不是可以从研究晋商优秀传统文化入手进行一些更深层次的思考呢？市场经济发展过程中也出现了一些不和谐的因素，如诚信缺失、商业道德败坏、价值取向歪曲等问题。因此，研究晋商优秀传统文化，具有更广阔范围内的现实意义。

❀ 第四节　晋商文化的形成过程

晋商文化的形成过程与晋商的发展过程基本吻合。

一、雏形阶段

早在夏朝时期就已经出现商业雏形。"夏已进入奴隶社会……畜牧业、农

---

① 方观承. 卜奎风土记 [Z]. 齐齐哈尔市志资料初辑，1982：14.
② 王景泽. 17 世纪至 19 世纪中叶东北地区的商人 [J]. 东北师大学报，2003（1）：21-29.

业、手工业的发展，使原始社会各部落开始有了少量剩余产品，物物交换开始出现。"① 不过此时的交换还不是专门的商业交换，并没有形成实际意义上的晋商文化。

商朝"社会经济的发展，使奴隶主拥有了较多剩余产品可供交换。同时，因为就近交换已不适应……因而社会实现了第三次大分工，出现了商人，同时产生了货币"②。

周朝早期，唐叔虞受封唐侯时，周成王用诰命方式规定他到唐地后要实行"启以夏政，疆以戎索"的施政方针。"夏政"和"戎索"为晋商文化奠定了物质基础，成为其形成和发展的肥沃土壤。唐叔虞遵循周王室规定的施政方针，因地制宜，实行一套新的方针和政策：按照唐地地处夏人故墟的传统风尚和习俗，适当保留了夏朝以来的政治制度，以维护夏人的传统习俗，而暂不实行以周礼为中心的宗法制度；依照游牧民族生产方式和生活习惯分配土地，开设田间疆界，以方便农牧生产，暂不实行周朝规定的井田制度。可以说晋国是历史上第一个经济特区。在这一独特的施政纲领的哺育下，晋国孕育出有别于齐鲁等封国文化内涵的晋商文化。③

二、发展阶段

到春秋末期，出现了自由商人。此时计然和猗顿是著名的商人，他们之间在经商思想观念上，还有十分紧密的传承关系。越国的范蠡在辅佐越王勾践打败吴国，解决军事物资方面拜计然为师，为战争获胜起到了很大的直接作用。据《史记·货殖列传》记载："昔者越王勾践困于会稽之上，乃用范蠡、计然。计然曰：'知斗则修备，时用则知物……旱则资舟，水则资车，物之理也……论其有余不足则知贵贱，贵上极则反贱，贱下极则反贵……财币欲其行如流水。'修之十年，国富，厚赂战士，士赴矢石，如渴得饮，遂报强吴，观兵中国。称号五霸。"建立霸业之后，"范蠡既雪会稽之耻，乃喟然而叹曰：'计然之策七，越用其五而得意。既已施于国，吾欲用之家。'"④ 范蠡离开吴国，

① 黄鉴晖. 晋商经营之道 [M]. 太原：山西经济出版社，2001.

② 同①.

③ 邱文选. 晋商文化的启示 [J]. 决策与信息，2005（6）：54-56.

④ 司马迁. 史记·货殖列传 [M]. 北京：中华书局，2019.

成为一个自由商人，自称陶朱公，由于善于理财，很快成为闻名天下的大富商。而鲁国人猗顿则在穷困潦倒之时，拜见陶朱公，受到陶朱公的指点，接受了他的经商致富思想，来到晋国猗氏地区，定居下来，开始经营畜牧业，在短时期内成为一位驰名天下、名传后世的大商人。"也就从这个时候起，史籍有了关于山西人经商的记载……猗顿……大搞畜牧业，10年致富，后又经营河东池盐……'息不可计，其财产可与王公大臣相比，成了闻名天下的大商人'。"① 此时，山西商人的成功已经引起了国人的关注和认可。战国时期"魏国的大商人白圭，以'人弃我取，人取我与'为经商之道，靠囤积居奇致富"。这样的经商思想直到今天还在闪烁不朽的光芒。现代商人还在以他的经商理念指导自己的行为，现代的各种市场营销教材和著作更是极力推崇这一经营理念。实际上从那时起，晋商文化就已经开始形成了。②

两汉时期，"杨（今山西洪洞）、平阳（今临汾）是当时著名的商业都会。《史记·货殖列传》曾记述杨、平阳人'西贾秦、狄，北贾钟、代'。'在汉武帝开通丝绸之路的同时，以山西为枢纽，北越长城，贯穿蒙古，经西伯利亚通往欧洲腹地的国际商路也已打通……清末在山西灵石有古罗马铜钱出土。'"③ 此时山西商人的经商足迹已经连通欧亚，名扬四海。

汉武帝采纳孔仅、东郭咸阳主张，将冶铁、煮盐收归官营之后，有1000多年的时间，山西人不再从事盐、铁生意，但山西人热衷于经商致富的现象依然层出不穷。"南北朝时，山西繁峙人莫含'家世货殖，资累巨万'。"隋唐时代上党人陈正谦，经商致富，曾出粟米千担救济唐高祖。④ 当时"出现了泽州（今晋城市）、太谷、平定、大同等新兴商业城镇"⑤。"宋雍熙三年开始实行盐引制，山西人又开始经营河东盐的运销生意，以致'解、绛民多贩盐'。"⑥ 元代，这种情况仍然得到延续和发展。晋商文化与传统文化相结合，不断得到完善与发展。

① 黄鉴晖. 晋商经营之道［M］. 太原：山西经济出版社，2001.
② 同①.
③ 同①.
④ 司马迁. 史记·货殖列传［M］. 北京：中华书局，2019.
⑤ 刘建生，刘鹏生，梁四宝，等. 晋商研究［M］. 太原：山西人民出版社，2005.
⑥ 同④.

三、完成阶段

山西人很早就从事商业活动，其间产生过许多优秀的商人，他们以精辟的经营理念推动着晋商文化的形成与发展，但明清以前的山西商人一直没有形成大规模的发展态势。直到明清时期，山西商人遇到了极佳的发展机遇，迅速成长、发展、壮大，进而形成驰名中外、独立潮头的商人群体，形成晋商商帮。"明清时期，山西商人上通朝廷，下结官绅，上路达数万里之遥，款项可'汇通天下'，白银滚滚从各地流回乡里，置田产，起楼阁，显赫一时，'平阳、泽、潞豪商大贾甲天下，非数十万不称富'，逐步成为令人侧目的商帮集团。"① 可见山西商人经商的地域之广、人数之多、影响之大。

这个商帮在发展壮大的过程中秉承着同样的发展思维，有着相似的行为模式，还有协调商人之间事务的商会组织，在省外以晋商会馆作为统一处理众人事务的场所和机构，在世人面前树立了独一无二的商帮形象。今天人们讲企业文化建设，实际上晋商是通过各大商家的合作、团结与竞合关系，形成了比一般企业文化更宽广、更有力的商帮文化，没有一套完整的文化体系是不可能做到这种程度的。

晋商在发展壮大的过程中，不仅推动了商业文化的发展，也推动了民俗、戏曲、饮食、武术、建筑等相关文化的发展。晋商在长期发展中不仅积累了巨大的财富，更发展了丰富多彩的晋商优秀传统文化，这些文化财富至今还有很好的参考价值和多种利用价值。

综合分析晋商文化的形成过程，它不是一蹴而就的，而是经过一个较长的时间才形成的。在它形成的过程中，并不是所有晋商都能绝对恪守晋商文化中的道德观念，有些晋商的行为也是有违晋商文化的核心价值观的，但这并不妨碍晋商文化主流的形成与发展。

结合中国的社会经济现状，从改革开放到今天，不过短短几十年时间，原有的一些社会经济文化逐渐被新的文化所替代，价值取向也是如此。而社会文化的发展、完善是需要时间的，因此出现诸多不和谐因素也是符合客观规律的，不过能及时发现这些因素的存在，并积极采取应对措施，会加快这一过程的实现，政府做出的建设和谐社会、引导正确价值取向的举措无疑是积极的。

---

① 刘建生，刘鹏生，梁四宝，等. 晋商研究［M］. 太原：山西人民出版社，2005.

研究晋商优秀传统文化，也应该从这个角度思考问题。

❀ 第五节　晋商优秀传统文化的内容

从晋商文化的定义分析，晋商优秀传统文化的内容十分丰富，许多学者都对这一问题给予了关注，进行了一定的研究。如孔祥毅在《晋商文化及其特点》[①] 一文中，对晋商文化内涵的主要内容进行了概述；刘建生等在《晋商研究》[②] 中进行了相关的研究；其他学者也都不同程度地对此问题进行了思考与讨论。对这些研究成果进行分析，可以整理出晋商优秀传统文化的主要内容，大概包括晋商经营制度、晋商经营艺术和晋商精神、晋商商业技术等方面。

一、晋商经营制度

"制度是人类相互交往的规则。它抑制着可能出现的机会主义和乖僻的个人行为，使人们的行为更可预见并由此促进着劳动分工和财富创造。制度要求效能，总是隐含着某种对违规的惩罚。"[③] 制度是要求成员共同遵守的规章或准则。制度也可以说是一定历史条件下政治、经济、文化等方面的体系。晋商经营制度自成体系，体现了晋商经营管理理念、艺术、水平等。晋商经营制度文化是晋商优秀传统文化中最吸引人的组成部分之一。

晋商聘用员工的原则是用乡不用亲，他们对人员的管理必然有一套相应的制度。晋商在明清时期迅速发展壮大，其商贸足迹遍布欧亚大陆，商号遍及大江南北，经营范围更是十分广泛。从大范围来说，许多商号兼营盐业运销、船业经营、驼帮贩运、票号营运、粮食贩销、典当钱庄、工业生产等，这样庞杂的业务范围，在今天看来应该算得上大型商业集团的规模。在封建社会，"重农轻商"形成大范围的社会择业思想环境，相关法规和理论研究都非常缺失。没有一套独特有效的经营组织和管理制度体系，晋商企业是不可能井然有序地运营数百年的。事物能长期稳定地发展，其内在机制的作用非常大。明清时期

---

① 孔祥毅. 晋商文化及其特点 ［M］//高增德. 晋商巨擘：晋商·常氏文化学术研讨会论文集. 太原：山西经济出版社，2005.

② 刘建生，刘鹏生，梁四宝，等. 晋商研究 ［M］. 太原：山西人民出版社，2005.

③ 刘建生，刘鹏生，燕红忠. 明清晋商制度变迁研究 ［M］. 太原：山西人民出版社，2005.

的很长一段时间里，晋商创造和保持了经济、文化繁荣，维持了家族和商帮的辉煌业绩。在其发展过程中，晋商的经营制度无疑起到重要的作用。了解晋商经营制度文化有利于正确理解晋商的发展与衰落现象，对今天的社会文化塑造、企业经济管理制度建设、和谐社会建设、个人发展与价值取向引导也是大有好处的。

（一）晋商经营制度文化的主要组成

晋商经营制度文化主要通过资本管理、两权分离、联号管理、人力资源管理、风险控制、财务报告、决策等经营管理制度来体现，也包括商帮之间协调关系、谋求共同发展的商业行会制度。综合起来可以通过 9 个方面的内容了解晋商经营制度文化。

1. 股份制度与人力资本制度

明清时期以及更早以前，中国的商品经济还不是很发达，社会经济还属于封建的小农经济阶段，商业资本的理论研究非常不足。但晋商在长期的发展经营中，不断总结与提高其经营管理制度，尤其在资本金运作与人力资本管理上，更是独树一帜，创造了股份（俸）制和顶身股制度，形成晋商制度文化的特色之一。晋商的资本运营制度经历了四个发展阶段，即独资制、贷金制、合伙制、股份（俸）制。股份制为资本管理中最独特的表现，晋商的股份制度在当时称为股俸制。其制度是把商号资本分为正本和副本，银股和身股。正本为财东合约投资，按股分红；副本也叫"护本"，起保护股本的作用，为确保资本充足率而设置。"护本"有两个来源：一是投资票号货币资本的东家和顶人力资本股的职员，大账期（会计年度）分红时，在所分红利中提留一部分利润存入号内，参加未来资本周转，只拿利息，不分红利，不得随意抽取；二是票号东家的存款，因为票号是股东无限责任制，东家存款，也是"护本"。[①] 银股是指财力股；身股则是指商号伙友按照资历、贡献、表现等获得的人力股，俗称"顶生意"，又称"顶身股"。一个账期结束时，银股和身股一起参加分红。张正明在《晋商兴衰史》第五章对此进行了较为详细的说

---

① 卫聚贤. 山西票号史 ［M］. 太原：三晋出版社，2017.

明①，刘建生等人在《晋商研究》中也进行了比较深入的分析。②

顶身股制由晋商首创，是由明代中期朋合经营的利润分配制度演变而来的，在明末清初已经在晋商中广泛流行。这种分配制度，不仅将员工和财东的利益结合在一起，还体现出浓郁的同人之爱，增加了凝聚力，激励着员工无不殚精竭虑地以商号的总体利益为重，有效避免了"道德风险"和"逆向选择"的发生。顶身股不是晋商商号中每个员工都能得到的待遇，而是有一定资历者才顶身股。新招员工学徒期为 3 年，3 年期满合格，则录用为正式员工。一般要经过几年的锻炼，在道德和业务等方面表现良好者才能顶股，最快者一两年，最慢者可能十几年甚至更长的时间还不能顶股。③ 史料记载："各伙友入号在三次账期以上，工作勤奋，未有过失，即可由大掌柜向股东推荐，经各股东认可，即将其姓名登录于万金账中，俗称'顶生意'。最初所顶之身股，最多不能过二厘，然后每逢账期一次，可增加一二厘，增至一股为止，谓之'全份'，即不能再增。"④ 可以看出，晋商商号中一般学徒要经过 3 个账期（1 个账期 3 或 4 年），即 10 年左右的勤奋工作才能有顶身股的资格，以后增加身股也要靠其工作能力、品质和贡献大小，直到增至一股为止。身股的份额按员工的工作能力、时间和绩效来确定。总经理的股份份额由财东确定，而号中各职能负责人、分号经理及一般员工是否顶股、顶多少股，由总经理确定。总经理一般可顶到一股（即十厘），协理、襄理（二掌柜、三掌柜）可顶七八厘不等，一般员工可顶一二厘、三四厘不等，也有一厘以下的。身股的份额越多，其分红越多，收入越高。这种状况向身股享有者传达了以下信息：第一，顶有较多身股的业务骨干，只要千方百计地为商号赚取更多的利润，他们个人所分的红利就能成倍增长，他们是除东家和大掌柜以外最大的受益者；第二，持有身股较少的员工，要想使自己的收入大幅度提高，必须努力增加自己所顶身股的份额。晋商商号中对总经理和学徒增减身股份额的原则不是一刀切，而是差别对待。每逢到账期，经理要向财东报告票号盈亏，财东则要评定经理和员工的功过，检查这个账期内的成绩和问题，整顿人事，调整身股厘数，并记入万金账。在该账期内，经理和员工如能尽力尽职，业务大有起色，财东则给予加

① 张正明. 晋商兴衰史 [M]. 太原：山西古籍出版社，1995.

② 刘建生，刘鹏生，梁四宝，等. 晋商研究 [M]. 太原：山西人民出版社，2005.

③ 孔祥毅. 金融票号史论 [M]. 北京：中国金融出版社，2004.

④ 李渭清. 山西太谷银钱业之今昔 [J]. 中央银行月报，1937，6（2）：185-193.

身股、加薪奖励。如不能称职，则减股减薪，甚至辞退不用。每届年终各地经理齐集总号汇报工作时，由财东设宴款待，盈利多者坐上席，财东敬酒上菜，热情招待，盈利少或发生亏损者居下席，自斟自饮，受到冷遇，如果二三年都居下席，用不着财东说话，经理也只有自请辞职了。① 对商号有突出贡献的身股享有者，财东更是破格提拔，给予重用。例如，蔚泰厚票号的宋聚奎，光绪元年（1875 年）进蔚泰厚票号做事，因他精明强干，胆识出众，总经理先后派他到湖南分号、奉天分号处理各地欠账悬案，他有勇有谋，成绩斐然，受到同行的推崇和东掌的称赞，遂被提拔为总号副总经理，身股增至九厘。② 又如，大德通票号在光绪十五年（1889 年）时，王振铎人力 5 厘，高钰人力 3 厘，赵调元人力 2 厘。到光绪三十四年（1908 年）时，王振铎人力 7 厘，增加 2 厘；赵调元人力 4 厘半，增加 2 厘半；高钰人力 1 分，增加了 7 厘。③ 这种根据员工受教育程度、经历、知识、技能、品德不同和对商号贡献大小来增减身股的差别对待原则，更深一步地激励已顶身股的员工，也给那些尚没有资格顶身股的员工以巨大的诱惑力。

每到账期，财东的银股和员工的身股一起参加分红，利润按照股份平均分配。而且晋商商号若出现亏损，则由财东负无限责任，顶身股的员工不承担亏损。"如百川通除以实缴资本银额分为十股外，更以各地分庄经理伙友，作为'人股'二十股。四年结账，红利即以三十股平均分配。如此，则富有者出资，办使者出力，分作股份，利益均沾。"④ 银、身股并重的分配方式大幅度地调动了员工的积极性，提高了工作效率：一方面使员工收入增加；另一方面使晋商商号总体利润增加，财东利益增加。甚至后期，身股数超过银股数时，看似员工分红总额超过财东，但银股盈利能力有增无减。例如，大德通票号在光绪十五年（1889 年）分红时，总盈利为 24723 两，每股分红 850 两，财东分得 17000 两；而到光绪三十四年（1908 年）分红时，总盈利为 743545 两，

① 张正明. 晋商兴衰史 [M]. 太原：山西古籍出版社，1995.

② 宋桂华. 先叔宋聚奎传略 [M] // 黄鉴晖，等. 山西票号史料. 太原：山西经济出版社，2002.

③ 大德通 1889 年、1908 年分红账 [M] // 黄鉴晖，等. 山西票号史料. 太原：山西经济出版社，2002.

④ 杨荫溥. 上海金融组织概要 [M] // 黄鉴晖，等. 山西票号史料. 太原：山西经济出版社，2002.

每股分红 17000 两，财东分得 405500 两。① 表 3-1 为大德通票号各账期分红利润表。

表 3-1 大德通票号各账期分红利润表

年份	资本额/两	盈利总额		每股分红/两	股利增长指数
		银两	占比资本		
1889	100000	24723	24.72%	850	100.00
1892	130000	—	—	3040	357.65
1896	140000	—	—	3150	370.58
1900	160000	—	—	4024	473.41
1904	180000	—	—	6850	805.88
1908	220000	743545	337.98%	17000	2000.00

资料来源：孔祥毅：《金融贸易史论》，中国金融出版社，1998 年。

从表 3-1 中可以看出，尽管资本投入增加了 120000 两，但盈利能力增加了 313.26%，总的分红额也在增长。1889 年总分红额占总盈利的 31.24%，到 1908 年，总分红额占总盈利的 45.46%，增加了 14.22 个百分点。从以上分析可以得出，人身顶股制度不仅能够激励员工将商号的总体目标和个人自身利益最大化目标合二为一，增强员工的责任感，以主人翁的态度积极参与到经营管理中，也能使财东的利益增加。

晋商商号中身股之所以能够同银股一起参与分红，就是因为身股与银股一样，是具有增值力的资本——人力资本。因此，身股参与分红，就是身股成为具有比银股更大增值力的资本——人力资本的标志，也是身股享有者身份和地位发生重大转变的标志，即由原来的雇佣员工转变为经营者。对于身股享有者身份和地位的这种重大转变，在晋商商号中从上到下都是深有体会并一致认可的，其具体表现就是一句口头禅："薪金百两是外人，身股一厘自己人。"就是说，只要顶上 1 厘身股，他们的地位和身份就发生了重大转变，成为了商号的经营者，之后经营的好坏就与自己的切身利益息息相关了。所以，每个身股享有者都高度自觉地关心经营管理和盈利状况。同时，员工身份和地位的这种巨大转变，又成为学徒们和还没有顶上身股的员工们学习的榜样、奋斗的目标，成为激励他们刻苦训练、经受各种考验的力量源泉。这样就极大地调动了

① 大德通 1889 年、1908 年分红账［M］//黄鉴晖，等. 山西票号史料. 太原：山西经济出版社，2002.

全体员工的积极性、主动性和创造性，从而为晋商商号注入了极大的生机和活力。

正如陆国香在《山西票号之今昔》中所写："人力股系晋商特别习惯，俗称顶身股，资本家出钱，劳动者出力，均有股份，一经获利，平等分配，以是经理伙友，莫不殚心竭力，视营业盛衰，为切己之利害。"① 徐珂也在《清稗类钞》中写道："三年结账，按股份余利。营业愈盛，余利愈厚，身股亦因之以增。以此人人各谋其利，不督责而勤，不检制而俭。"② 这就是晋商首创的人身顶股制的魅力，它使员工和财东的利益有机地结合在一起，共同参与经营管理，同心协力，每个人都把商号的发展视为己任，兢兢业业地工作。"银股有享永久利益，父死子继，永不间断。而身股则仅可以及身，一旦死亡，其利益立即停止。"③ 所以身股不存在转让和子女继承的问题，但同时财东又会使其发起人及效力年久者，在其身故之后，仍可以享受一个或两个会计年度的分红，叫"故股"，④ 以此慰藉其家属，如果其子孙贤能，仍可进入本票号，或者推荐去别家票号。但是顶身股的职工被辞退后，当即终止身股。

晋商实行的顶身股制与现代西方的股票期权制度都有长期激励的效能。股票期权产生于美国，其期权分享思想来源于员工持股计划，最早是1952年美国一家叫菲泽尔的公司推出的。股票期权是企业赋予经理及有特殊贡献员工的一种在规定的年限内以某个固定价格购买一定数量的企业股票的权利，一般不向普通员工发售。股票期权制度的设计是从长期激励约束机制的角度解决代理问题，要使授权人与受权人形成一个利益共同体，减少企业的代理成本，形成激励相容机制。股票期权的激励作用表现在：首先是薪酬激励。若企业的股票价格上涨，受权人行使权利，购买股票，就可获得行权价与市场价之间的差额；反之，股票价格下跌，受权人则不行使这种权利，所以股票期权对于受权人来讲，收益是无限的，而成本却是低廉的。其次是所有权激励。当受权人行使权利，购买股票之后，他们就成为该企业的股东，可以分享企业的利润，也就会更加关注企业的未来发展。顶身股制中总经理及员工以其劳动力入股，即身股，身股不用缴纳股金，也不承担亏损责任，却能与银股同等参加利润分

① 陆国香. 山西票号之今昔［M］//黄鉴晖，等. 山西票号史料. 太原：山西经济出版社，2002.
② 徐珂. 清稗类钞［M］. 北京：中华书局，2010.
③ 李渭清. 山西太谷银钱业之今昔［J］. 中央银行月报，1937，6（2）：185-193.
④ 孔祥毅，祁敬宇. 中国早期人力资本股的实践对当代企业制度改革的启示［J］. 山西财经大学学报，2002（3）：66-70.

红。顶身股员工的收入主要是红利，而红利来源于经营利润，所以员工会努力工作，争取赢得更多利润。同时，增加身股与其工作能力和业绩挂钩，也极大地调动了员工的积极性，每个顶身股的员工都把商号的发展视为己任，同心同德，共同经营，极大地推动了晋商商号的发展。尽管顶身股制与股票期权产生的时代背景不同，但二者具有相似的激励效能。在股票期权下，受权人获得的收益来自行权价与股票市价之间的差额。拥有股票期权后，受权人就有了追求利润最大化的动力，但是股票期权的取得与行权之间有一定的间隔期，且一般公司确定的行权期都比较长，有些甚至在离职后若干年才可以行权。为了实现期权的价值，受权人必须付出多年的努力，使企业得到发展，股价上升，才有可能获得较高的期权收益。由此，股票期权可以使受权人的目标与企业的长期目标一致，从客观上防止了受权人的短视行为。① 在顶身股制下，顶身股者只有在一个账期（3~5 年不等）结束的时候才能参加利润分红，这就可避免已顶身股的经理及员工的短期行为。而且每个账期都要根据员工的工作能力等一系列标准调整身股厘数。才能出众者，不仅可以增加身股，还有可能晋升，从而使顶身股制体现为一种长期的激励机制和持续的动力机制。② 代理成本主要是经营者代替股东对公司进行经营管理而引起的额外成本。代理成本由经营者失职的潜在成本、监督成本、激励成本三部分构成。股票期权通过薪酬激励和所有权激励对受权人的行为进行激励和约束。受权人行权购买股票后成为公司的股东，就具有了双重身份，此时受权人的目标与其他股东的目标是一致的，就可以有效地防范道德风险和逆向选择问题，使失职成本和监督成本降低。另外，由于企业支付给受权人的是股权，是不确定的预期收入，这种收入是在市场中实现的，不管受权人是否行使期权，企业始终没有现金流出，与其他现金流出式的激励方式相比，股权激励更有效地降低了激励成本。顶身股制中身股与银股同等分红，这一制度将经理及伙友的个人收益同晋商商号的总体盈利状况联系起来，经理及伙友会以主人翁的态度积极参与经营管理并不断提高盈利能力，促使员工增强责任感，这样就使失职成本和监督成本降到最低。另外，随着票号利润的增加，顶身股的员工分得的红利增多，看似激励成本在增加，其实对于财东来讲，他们的利润增长率更高，赢得的利润更多。

---

① 左锐. 股票期权的理论基础与机理效应研究［J］. 生产力研究，2006（8）：214-215.
② 李小娟. 晋商的人身股与西方股票期权的比较［J］. 中国合作经济，2005（4）：41-43.

　　股票期权的受益人局限于企业的高级管理人员和有特殊贡献的员工，普通员工一般不会纳入股权激励的范围，这使广大员工无法从工作中体现他们的价值，会抑制他们的积极性。同时，如果股票期权激励力度较大，就会使管理人员与普通员工的收入差距悬殊，从而加大他们之间的隔阂，不利于企业的经营管理。相比较而言，顶身股制的受益范围更宽，包括经理和普通员工，这就增强了企业内部的凝聚力和员工团队合作精神，有助于在强调员工能力有差别、收益有差别的情况下实现共同富裕。而且这一制度不仅将员工的个人收益与企业的盈利状况结合起来，还注重激发员工的成就感和归属意识，有利于调动经理和员工的积极性，形成上下同心、同舟共济的经营格局。在约束不力的情况下，股票期权会诱发受权人的机会主义行为。比如，当股票价格下跌到行权价以下时，受权人意识到不可能获得股权收益时，有可能采取损害股东利益的行为以获得个人收益。这是因为当股票市价低于行权价时，受权人肯定放弃实行股权，他的收益仅为薪金，这时股票价格继续下降，只会影响到股东的利益，而与受权人无关，这样自私的受权人就可能通过损害股东利益来追求自身非法的收益。这种情况下，股票期权的激励作用就产生了扭曲。① 而在晋商商号中，徇私舞弊事件很少发生，最根本的原因是儒家文化的伦理道德观已经深深地嵌入每一个人心里，"仁、义、礼、智、信"是他们行为的基本准则，也是企业文化中最根本的理念。股票期权的实施需要诸多外部条件，比如完善的公司治理结构、发达的资本市场、完善的法律法规制度等，在这些都完备的情况下，股票期权才能发挥其作用。完善的公司治理结构可以使公司的股东、董事会、高级管理人员三方面形成一种制衡关系，有利于解决所有者和经营者的利益不一致引起的"道德风险"和"逆向选择"。在发达的资本市场上，股票价格基本上能反映经理人员的经营业绩，且受权人的利益来自行权价格与股票市场价格的差价，因此，只有在发达的资本市场上才能反映出符合市场规律的股票价格。法律规范是股票期权实施的外在保证。要有完善的公司法、证券法、税法等相关法律法规来约束受权人的行为。而顶身股制的实施不需要这么多复杂的外部环境，它简便易行、适用条件宽松。晋商的股份制度扩大了资本来源，承认了员工的技术能力资本，给员工提供了参与企业分红、共同获益的机会，调动了员工的积极性，充分发挥了企业资本的积极作用，其制度文化体现

---

　　① 王军. 股票期权：基于代理理论的分析［J］. 理论导刊，2005（8）：27-29.

了晋商制度的优秀性。它在企业的资本金和人力资本管理中，在今天还有可借鉴参考的实用价值。

2. 两权分离制度

明代沈思孝的《晋录》（《学海类编》），描述了山西商人的经营形态："平阳、泽、潞，富豪大贾甲天下，非数十万不称富。其居室之法善也，其人以行之相高，其合伙而商者，名曰伙计。一人出本，众伙共而商之。虽不誓而无私藏。"① "将资本交付于管事人（大掌柜）一人，而管事于营业上一切事项如何办理，财东均不闻问，既不预定方针于事前，又不施其监督于事后"。② 从以上话中可以知道，晋商在当时已经开始了一人出资、伙计们一起经营的商业形态，这是一种所有权与经营管理权两权分离的制度形态。这种制度使产权与经营权分离，有利于资本市场的形成与专业化企业管理队伍的组建，优化了资源配置，体现了晋商制度的先进性。在今天看来就是社会上的闲散资金和专业人才结合，充分发挥各自所长，实现共赢。当然，晋商东家与掌柜之间的合作如果完全靠信任与自觉来维系，容易出现各种弊端。实际上，晋商还利用了商帮行会、账簿制度等制约双方的行为，不过这种制约缺乏法律上的保证，在今天看来存在管理漏洞。但晋商能叱咤风云 500 年，纵横商界于四方，也说明了两权分离制度、互信、商帮行会制约的管理优势。

3. 总分号制度

晋商企业实行总分号制度，分号的人员数额"虽因各地业务繁简不同，有所增减，而内部分科负责者，则大致相同"③。一般来说，除极少数分号（如北京分号、太原分号）有 10～20 人外，绝大多数分号通常定员只有五六人，加上临时雇用的人员不过 10 人。分号人员较少，组织也比较简单，内部的机构职位设置与总号相比大体上是相同的。其组织设计如下：设掌柜 1 人，由总号经理选派并直接领导，负责所在分号的全盘工作；设二掌柜 1 人，协助分号掌柜工作，并主管分号营业；设账房 1～2 人，负责分号中的账目及银钱出纳；跑街 2～6 人，负责了解当天市场信息，随时招揽生意，接洽款项，并兼事银钱业务往来；文书 1 人，主要负责接传各分号及总号与分号间的信件，并办理

---

① 寺田隆信. 山西商人研究［M］. 张正明，道丰，孙耀，等译. 太原：山西人民出版社，1986.
② 山西票号商盛衰之调查［J］. 江苏实业月志，1925（75）：18-52.
③ 李渭清. 山西太谷银钱业之今昔［J］. 中央银行月报，1937，6（2）：185-193.

本号的各种文书工作；分号学徒、打杂没有固定人员，是属于临时聘用的。

晋商企业总分号制度在组织结构设计中，大多坚持以经营为中心的原则，体现了因事设岗，因岗择人。这不仅从其总号及各地分号的内部组织结构设计上得到体现，而且有明确的文献资料佐证："全盘人位之计划，系因事用人，决不因人用事。恐事少人多，习于骄惰。设或同人间有龃龉，即重行调兑，既不欲丧失养成之人才，又不得碍于业务之进行。"① 票号组织结构以经营为中心的设计原则与票号管理上注重人才的做法相辅相成，为票号的经营成功提供了基本保障。

晋商企业业务的总指挥权在总号，分号的资金集中由总号控制分拨，大权在总号。总号账房一方面通过分号账房运转资金，抽疲转快以达酌盈剂虚之效；另一方面又通过分号账房遥控收支，把握经营方向，达到经济集权的目的。大掌柜具有绝对的权威，除向财东直接汇报并负责外，号内所有重大经营决策均由其做出，票号的组织机构也都以之为主而设计。总号集权、统一指挥是票号内部组织设立的重要原则。

在实行总号集权、统一指挥的同时，票号并不是由大掌柜统揽一切事务，各种事项都由其一人专断，而是在组织内部划分了明确的管理层级和部门并明确各层次人员的责、权、利，使其权责对等，各享其权、各司其职、各负其责、各获其利。层级划分使每一成员只有一个上级，有利于统一领导，晋商的这一点做法与法约尔的一般管理原理和韦伯的理想行政组织理论不谋而合。

正是由于票号在组织结构设计中遵循了这些原则，晋商才财源广进通四海，在规模日趋庞大的同时保持了敏捷的经营模式，持续、高效运营，创造了历史上票号的鼎盛局面。

对于分号人员的聘用，颉尊三曾说："派遣人位，（总）经理颇费思索，须经一度考虑，方可实现。"这其实反映了分号人员聘用的方式：与大掌柜的聘用方式不同，分号掌柜不是由东家选聘，而是由总号的大掌柜任命，并将分号的经营权下放给他；同时各地分号人员的安排也由总号直接调配，分号掌柜无权雇请正式人员。

晋商企业总号实行总经理负责制，分号也是如此，由分号掌柜全权负责分号经营管理的全部事务。但是，这里所说的全部事务并不是分号自行确定的，

---

① 颉尊三. 山西票号之构造［M］//黄鉴晖，等. 山西票号史料. 太原：山西经济出版社，2002.

各个分号的经营是在总号战略的统一指导下确定经营任务、重点，而分号掌柜的责任就是尽可能地实现这些目标、完成这些任务。分号掌柜的角色是冷兵器时代的先锋官，可以冲锋杀敌，可以临机应变，但是不能决定战争的整体战略，而总号掌柜才是中军元帅，"运筹帷幄之中，决胜千里之外"。

晋商企业规定，在各个分号，每天晚上营业终了，职员和管理部门负责人都必须向自己的主管当面口头汇报当天自己所办业务的情况，并且聆听主管对明天的安排。这一点类似现代企业的晨会制度，可以使全体人员了解一天的经营情况，及时发现问题，并针对问题的应对措施进行安排，同时明确第二天的任务，这对于分号的好处是十分明显的。

晋商企业对于分号的管理有一整套严格、完整、有效的基本管理措施，对分号掌柜的管理更为严格。分号掌柜要对总号负无限连带责任，"即其家族，亦不可不负责任"。遇分号破产，不问什么原因，分号掌柜必须认罚。如果认定是掌柜过失，则分号掌柜和他的整个家族都要对总号负连带责任。为了配合这一制度的实行，总号在日常经营中要为分号掌柜设立"损失赔偿准备金"，该项资金是在营业决算后，依据纯利润由总号分给各分号掌柜一定数额的银两，作为"花红"，"花红"必须积存于店中，并付一定的利息，以填补分号掌柜的损失赔偿所需。这项资金要等分号掌柜出号时才予以给付。总号规定，各分号掌柜只有业务的经营权、资金的运用权和人员的管理权，分号的设置权、资金的调度权、人事的任免权和红利的分配权都由总号掌握，分号按总号授权分工负责。这就限定了分号掌柜的权力，将分号掌柜限制在可控范围内。

晋商企业发展的总体战略由总号制定，在总号战略规划的统一指导下，来确定各个分号的任务和业务重点、发展目标，形成一个开放的有机系统。系统中各个子系统相互联系、相互作用，为实现系统目标而努力，产生一加一大于二的系统合力。统一战略分解不是简单的拆卸，而是晋商针对不同的分号提出不同的任务要求，并针对当地的风土人情、竞争态势等设计工作开展步骤，提出相关注意事项。表面看来，各个分号的任务有时似乎关系不大，但是在整个系统的运作下，潜在效应被激发出来，总分号系统的整体优势得以体现。

晋商企业要求分号以口头汇报和书面汇报两种方式向总号汇报各自业务的进行状况并及时掌握全国各地市场动态。由于分号一般距离总号较远，交通不便且缺乏即时通信技术，分号对总号的口头汇报不是每天都可以进行的。晋商企业的口头汇报主要有两种形式：一是在大掌柜按例巡视各分号时（每年1~2

次）的当面汇报；二是分号掌柜休假回到总号时，必须先直接到大掌柜办公室当面汇报情况，不得先回家再返总号汇报，否则不仅有贻误时机的过失，而且会被怀疑存在经济弊端。分号还要定期将综合情况通过信函书面向总号汇报，以便上级及时掌握业务动态，做出近期的业务安排。汇报的内容主要包括：全部营业收付银两数字和业务情况，当地市场的基本情况，人员变动情况，向总号提请的意见和建议等。

晋商企业的诸多分号构成了一个开放的有机系统，系统内部的各个要素相互补充、相互配合，共同实现系统目标。分号间的协作是晋商总分号制度的一大亮点，是晋商扩大经营范围、拓展经营地域的重要支柱。晋商企业中各分号之间能够及时通报业务，协调配合，调度资金，实现"抽疲转快，酌盈剂虚"，主要依靠各分号之间以及分号与总号之间不断的业务信息的沟通和协调。当时各分号联系的手段主要是信件（票号后期也曾使用电报），通过民信局传递。所以有人说："票庄做事，尽凭信函灵通，不惜电费，每日通信数次，照信估计生意。"①

书面报告主要是分号向总号或者其他分号的汇报，可分为正报、复报、附报、行市和叙事报几种。正报就是本号直接对某某分号业务情况的汇报。由收汇分号向交汇分号报告，其内容主要是报告做某某业务多少，何时交款，汇费和贴色多少。例如，蔚泰厚京都分号在道光二十四年（1844年）四月初五致苏州分号的第8次信中说："……今收汇去万全号关批足纹银一千两，无票砝，言定在苏五月初三日无利交伊。平照前，每百两比咱平大三钱八，合空伊期一月，贴过咱费银六两，至日妥交……"② 复报就是报告本号前次报告过的内容，如直接对某分号的营业事项、业务内容等。因为当时交通闭塞、通信不便，信函传递时间长，为了避免途中遗失而造成损失，特意制定了复报制度。例如，蔚泰厚京都分号于道光二十四年（1844年）五月十六日致苏州分号的第20次信中说："启者于（五月）十二日托天成局捎去十九次信内，报收汇去万全号关批足银二千两，无票砝，言定在苏六月二十二日见信无利交伊，平

---

① 孔祥毅，张亚兰. 山西票号高效执行力的动力机制 [J]. 广东社会科学，2005（2）：35-39.
② 中国人民银行山西省分行，山西财经学院. 山西票号史料 [M]. 太原：山西人民出版社，1990.

照前，比咱平每百两大三钱八。"① 附报是晋商书面报告中工作量最大的一种报告，它要求各号每天都必须把全部营业收付银两数字和业务情况通告其他各分号。报告的目的：一是要各分号相互了解各号收付款项的情况；二是要各分号根据了解的情况，主动做生意，相互支持，避免因某地付款过多，或库存白银短少，可能发生支付困难，影响到当地业务和本号信誉。若北京分号知道西安分号收款较多，就主动找生意往西安汇兑。由于业务发展，书写附报工作量过大，后来有的票号排开时间，每5天进行一次。比如，汉口百川通分号报告日期是：初一，北京、天津、上海、广州、梧州；初二，成都、重庆、云南、贵州、西安；初三，湘潭、长沙、桂林；初四，沙市、常德、德安；初五，平遥总号。行市就是各号相互报告当地汇水、利息行市和资金周转"疲快"以及当时社会、经济、贸易、金融信息的报告，是正报、附报后的例行报告内容。例如，蔚泰厚京都分号道光二十四年（1844年）五月十六日致苏州分号的第20次信中说："目下风闻库内之砝，又要加重情弊，尚未见准与否，预报兄知。……刻下京中月息四厘。"其后该号在另一封信的正报、附报之后又有："今封去……上谕四张查收，刻下京中月息五厘、四厘七五，钱盘三千二折五六钱，松江色二两光景……"② 叙事报也叫另起，是总号或分号对某分号业务的指示、评论及意见。报告的内容，大多由掌柜们亲自写。它是正报、附报和行市之后，即注明本次信件年月日之后批写的内容。一般是管信把正报、附报和行市写完后，俟掌柜晚上有时间才写，或者管信先替起稿，等掌柜修改后再誊写。

4. 联号制度

晋商以"诚信""忠孝"的价值观为经营理念，在此道德规范的基础上，建立了联号制。它的建立为晋商将来扩展业务和扩大经营创造了有利条件。晋商的联号制采用人事管理上层层负责、号外相连、环环紧扣的机制，使整个管理系统有条不紊，各商号之间既相互独立又相互依存，既相互制约又相互联系，表现出和谐的团队精神和集体主义原则，增强了商号的凝聚力和竞争力。同时保证了酌盈剂虚、抽疲转快等经营制度的有效实施，加强了总体调控与制约，集中体现出一种商业互助的优势。

---

① 中国人民银行山西省分行，山西财经学院. 山西票号史料［M］. 太原：山西人民出版社，1990.

② 同①.

联号制实际是由一个大商号开设一些小商号，类似西方的母子公司，从而在商业经营活动中发挥企业的群体作用。东家为充分施展掌柜的职能，还赋予掌柜投资创办其他企业的自主权，从而形成企业集团，发展规模越来越大。祁县和太谷县商人合资在归化城开设大盛魁字号，从事对蒙古以及对俄罗斯的茶货贸易，兴盛时有职工数千，自养运货骆驼 1.6 万峰，并在科布多、乌里雅苏台设有分庄。大盛魁的对蒙古以及对俄罗斯贸易，固然利润丰厚，但经营行业不广，限制了它的发展，于是在祁县、太古等县又投资开设了多家子企业，如三玉川茶庄、长盛川茶庄、天顺泰绸布庄、德盛魁店、东升货栈、大盛川票号、裕源厚银号、宏盛钱庄及其他药材、粮食、典当等店铺。这样一个大盛魁生出十几家子企业，一家子企业又分支出一二十家分庄，构成了大盛魁企业集团。

联号制实现商业覆盖，降低了经营风险。当生意逐渐做大的时候，晋商意识到各行各业都有自己的独特经营方式，并且随着市场的不断变化，各个行业的利润也在变化。晋商通过联号制形成一种事实上的商业覆盖，即企业经营的范围全面广泛，涉及当时社会利润较高的各个行业。这样不但可以多种渠道发展企业，而且可以保证在某个行业利润出现下滑的时候还有其他行业可以补充，这就减少了企业的运营风险。企业要想做大、做强，商业覆盖是必须走的道路。晋商通过不同商号的设置不但覆盖了不同地区而且覆盖了不同行业，通过规模性的商业覆盖达到了对商业利益的占有和保证，这也是晋商能够成为巨富的根本原因。

联号制还实现了经营互助，相互预警。任何产业都有一个链条，商业经营也是如此。我们注意到，晋商各商号独立核算，在信息交换、物资采办、市场销售等方面互相支持，必要时在财力上也挪款相助。晋商联号制的另一根本优点就在于商业互助。从商业概论上来讲，商业大道都是相通的，各个行业都一样，实行联号制以后，如果某个行业的经营发生了异常情况，通过联号制就可以提高同一母公司另一行业的经营警惕。至于大商业上的集中采购、战略营销等，都是联号经营能够直接带来的好处。因此，通过晋商联号制研究，我们发现现代企业的所谓连锁经营，其实还不如晋商的联号制经营来得更彻底、更有效。如果说连锁经营只是实现了统一的进、销、存的话，晋商的联号制则实现了战略性的信息、采购、销售等多方面的统一和促进。

5. 人力资源管理制度

晋商的人力资源管理制度呈现出几个明显的文化特征：

一是管理授权思想上，东家"疑人不用，用人不疑"，授大掌柜以全权，不设监事会，大掌柜一个人决定资金运用、业务往来、人员进出和内部管理。大掌柜则"受人之托，忠人之事"，绝不侥幸冒险。东家还自定制约，不随便参与号事，至今山西民间流传的有些晋商规定不许"三爷"① 进商号的传言，就是这一现象的真实写照。

二是人事考核制度上，晋商采取定期人事考核的办法，进行优胜劣汰，奖优罚劣。这一机制有效地减少了职员的懈怠思想，增强了职员的进取心，提高了企业的内部活力。

三是职员选聘上，新员工选拔需要通过笔试、面试、铺保、吃苦精神考核等程序。颉尊三《山西票号之构造》记录：山西票号"选用职员，教养同人，非常慎重"。要先从"练习生"做起；② 《乔殿蛟访问记录》记载了晋商学徒需要三个阶段。卫聚贤在《山西票号史》中则记录了票号职员的遴选、培训、出班都要有一套完整的程序、有一套专门的制度，③ 晋商很重视职员的选用制度建设。

还有用乡不用亲原则、三年学徒制度等，用严格的号规对员工进行约束，为晋商选拔了优秀的本土人才，提高了内部职员的纯洁性与稳定性；职员一旦被选用，就成为伙计，商号将以诚相待，共同发展，这与晋商当时泛家族式管理的管理文化相符合。当然，这一制度具有时代的局限性，但与当时的实际情况相适应，降低了晋商的用人风险。今天，许多行业都普遍存在技术人才流失频繁的现象，给企业经营管理带来许多问题。研究、借鉴晋商的职员选聘制度，去其弊端，扬其长处，或许能对解决人才流失问题大有裨益。

四是专业训练制度上，晋商很重视职业素质和商贸专业知识教育。员工的技术培训内容主要是在工作中必备的一些技术和能力，包括写字、珠算、语言等。要求员工白天做扫地、伺候掌柜等杂活，训练其处理日常事务的能力；晚上跟着老员工学习珠算和写字。当时是通过算盘来算账，经营业务，所以珠算是每一个员工必备的最基本的能力。业务往来、交流主要是通过书信进行的，并且汇票的内容由专人书写，这些对于员工写毛笔字的能力要求都很高。另外，晋商也十分重视提高员工的语言文化水平，由于晋商商号的分号遍及各

① 即少爷、姑爷、舅爷等直系亲属。
② 颉尊三. 山西票号之构造 [M] //黄鉴晖, 等. 山西票号史料. 太原：山西经济出版社, 2002.
③ 卫聚贤. 山西票号史 [M]. 太原：三晋出版社, 2017.

地，所以员工通晓所在地的语言是非常重要的。"在蒙古者通蒙古语，在满洲者通满语，在俄边者通俄语。每日昏暮，伙友皆人手一篇，习语言文字，村塾生徒无其勤也。"① 除了对员工的技术培训之外，商号还会教授员工一些与业务相关的知识，例如"银色歌""平砝歌"等，这些知识对于商号平常的业务往来非常重要，如果记不住或者记错了，就会面临风险或者蒙受损失，所以员工必须将这些知识熟记于心。除此之外，掌柜还让员工做一些抄写、帮账之类的事，在抄写信折和帮账的过程中，员工就能了解总号的一些基本情况以及各分号之间的业务往来情况、各个地方的市场信息情况，通过对这些信息的逐步了解，可以增强日后处理各项业务的能力。

晋商学徒教材《贸易须知》第一条说道："学生意，第一要守规矩，受拘束。不守规矩则不成方圆，不受拘束则不能收敛深藏，即顽石须经琢磨方成器耳。"② 晋商有一系列严格且近乎苛刻的规章制度来约束员工，通过号规（即内部制度）进行有效约束。比如，票号各分号与总号之间的关系、业务经营原则、对工作人员的具体要求等，规定得非常细致、严密。还会根据业务发展的需要和内外部形势的变化不断进行调整、增删。对于员工的约束概括起来有十不准：不准携带家属、不准嫖妓宿娼、不准参与赌博、不准吸食鸦片、不准舞弊营私、不准假公济私、不准私蓄放贷、不准贪污盗窃、不准懈怠号事、不准打架斗殴。如果违反号规，则由掌柜、保人及本人三方出面交涉开除出号，永不续用，其他各联号分庄也不得录用。相当于现代意义上的进入"黑名单"。这些号规的制定和实施，加强了对票号员工的约束。为了加强票号的自我约束，除了严格号规之外，还进行经常性的突击检查，例如，大德通票号的大掌柜、二掌柜一般每年都要亲自或者委派资历较深的职员到所属各分号进行工作视察，称为"阅边"，这种工作视察是突发性的，并不事先通知。晋商商号的号规约束机制，强调在建立号规的基础上健全自我约束体系，这样的机制有效地控制了其经营风险。

晋商对于员工的训练不仅在技术、业务方面有基本的要求，对入号员工还要进行精神道德、伦理价值观念的培养教育，要求新员工"重信义，除虚伪，节情欲，敦品行，贵忠诚，鄙利己，奉博爱，薄嫉恨，喜辛苦，戒奢华，他如恒心、通达、守分、和婉、正直、宽大、刚勇、贤明。皆为一贯之教训"③。

---

① 孔祥毅，王森. 山西票号研究［M］. 北京：中国财政经济出版社，2002.

② 孔祥毅，张亚兰. 山西票号的风险控制及其现实意义［J］. 金融研究，2005（4）：1-11.

③ 卫聚贤. 山西票号史［M］. 太原：三晋出版社，2017.

晋商从几千年中国传统文化中得出最有价值的传家宝是"信义为上，利从义生"。清代大德通票号的乔致庸强调其经商哲学"首重信，次讲义，第三才是利"，排定了信义与利益的次序。所以晋商对于人才的培养，从一开始就立足于商业伦理道德教育。此外，由于当时关公在民众心目中是诚信忠义的化身，民众赋予他伦理、道德、人格等方面最优秀的品格，因此晋商把关公看作诚信、仁义的化身，把关公推上了与孔夫子并立的圣人地位。古代中国，几乎每个城市都有 3 座庙：孔庙、关庙和城隍庙，其中最多的是关庙，而关庙又多是晋商所建。同所有晋商商号一样，晋商票号将关公尊为财神，以其信义教育员工和同行，希冀以其武功保卫自己的商业利润。他们在集体定期祭神活动的同时，也使自己的经理层和员工接受关公优秀品格潜移默化的教育。在长期的道德教育下，票号的员工逐渐将关公和孔夫子作为自己人身理念和处世原则的榜样，将诚信义利的思想体现在工作中，这使晋商票号经营中的道德风险大大降低，也使票号内部从经理到员工上下一致、齐心协力、共创辉煌。

晋商员工在学徒期间，除了终日辛苦之外，还要面临一些临时性的考验。当年在晋商票号的墙角、门边，小伙计会偶尔发现一些散碎银两，那是掌柜有意放在那儿的，拾起来交回柜上，考试合格；拾起来装到自己腰包里，就得马上卷铺盖回家。3 年的学徒期结束之后，晋商票号还会对伙计的做事能力和道德进行测试。"如远则易欺，远使以观其志；近则易狎，近使以观其敬；烦则难理，烦使以观其能；卒则难办，卒使以观其智；急则易夹，急使以观其信；财则易贪，委财以观其仁；危则易变，告危以观其节；杂处易淫，派往繁华以观其色。"[①] 经过一段近乎残酷的考察，合格之后，方可派往各分号。对员工德才全面培养，以适应票号经营的需要。

晋商在对员工的教育上表现出浓郁的中国特色，即重品德、重诚信、重视员工的效忠精神。现代山西企业多重视对员工技能的培训，而忽视了对道德的教育，从员工到经理因个人利益而损害集体利益的事件频有发生，对比当年晋商的做法，值得我们深思。

6. 风险控制制度

明清时期的晋商虽然取得了很大的成就，但由于当时的社会制度、时代特征，其经营运作中又存在着种种不利于其发展的风险，其中既有天灾人祸，又有市场竞争、经营运作、政治变化等风险。晋商运用了一系列管理制度来规避

① 卫聚贤. 山西票号史 [M]. 太原：三晋出版社，2017.

风险，包括"正本"与"副本"、"公座厚利"、铺保、密押、行会约束、企业内部控制等一套系统的管理制度。

"正本""副本"使企业资本范围和规模大大扩大。"公座厚利"则使企业的资本金不断扩大，增强了企业的抗风险能力。晋商认为，在货币资本运营过程中，发生意外损失是很有可能的。为了防患于未然，防止拖欠倒累，亏折资本，确保有充足的资金做后盾，巩固票号的信誉与正常经营，并在竞争中立于不败之地，必须资本雄厚，所以他们把"预提倒款，严防空底"作为制度。"预提倒款"，也叫"撤除疲账"，即从利润中提留风险基金，一旦发生意外损失，即从风险基金中补偿。建立风险基金是票号的一种积极稳妥、目光深远的风险防范方略。①

由于执行了资本金管理制度，商号的兴衰发展与商号财东和伙计的利益关系十分密切，大家都知道把老本保护好，才能长期经营、不断生利的重要意义，所以实际上无论是财东还是顶身股的高中级职员，都十分乐意执行资本金管理制度。

晋商铺保制度行之有效，票号"使用同人，委之于事，向采轻用重托制，乃山西商号之通例。然经理同人，全须有殷实商保，倘有越轨行为，保证人负完全责任，须先弃抗辩权"。"倘保证人中途疲歇或撤保，应速另找，否则有停职之虞。同人感于如此厉害，再受号上道德陶冶，故舞弊情事，百年不遇。"② 所以晋商伙计基本上都能恪守职责、严守号规、忠于职守。

晋商的风险控制制度增强了晋商的抗风险能力，提高了晋商的社会形象，有利于晋商的发展。

7. 财务制度

晋商的业务范围很广、分号众多、层级明显，经营中涉及的资金额度规模大、周转频率高，资金运转比较复杂，如果没有一套适用的财务汇报制度，财东与大掌柜是很难驾驭整个商号经营体系的。账簿制度是财务汇报制度的基础，晋商十分重视账簿制度建设。在晋商票号、钱庄经营中就可以体现出晋商的这一经营文化特色。

清末社会经济制度混乱，商业经营风险很大，常有倒账现象发生，给商家

---

① 孔祥毅，张亚兰. 山西票号的风险控制及其现实意义 [J]. 金融研究，2005 (4)：1-11.

② 中国人民银行山西省分行，山西财经学院. 山西票号史料 [M]. 太原：山西人民出版社，1990.

带来巨大打击。比如 1883 年上海连续发生许多钱庄倒闭事件，原因是众多借款商户经营失败倒账，时称倒账风潮。这样的事情，当时的小说中也有较为详细的描述。《二十年目睹之怪现状》第七回写道："各钱庄也联名写了一张公启，把钟雷溪……如何设骗局，如何倒账卷逃，并将两年多的往来账目，抄了一张清单，一齐开了个白折子……"时任邮传部尚书的盛宣怀认为倒账与账目管理密切相关，据《邮传部尚书盛宣怀为交通银行拟派员查账的奏折》记载："欧洲、美、日均以银行成败与国家财政之得失，商务实业之盛衰相为依附，而防弊之法，尤以查账一事最为关键。……中国本无银行，而钱庄账目，虽亦有月结年结，除西帮票号之外，查账均属虚文。即如今年倒账愈出愈奇，官民均受重累，商务因之萧索，外交亦多一藐视，臣愚以为欲重财政，必行实业，必重银行，而银行尤必以查账为急务。"从以上文字可以发现，晋商账簿制度建设相对比较完善，这对晋商的内部经营风险控制有很大助益。诚信是晋商优秀传统文化的一大特点，晋商的账簿制度对晋商诚信的规范引导作用是十分明显的。

晋商的财务制度是按"四柱清册"理论进行核算，这与其他商号的做法一样。但晋商的特别之处在于开创了中国近现代会计中"复式簿记"的先河。"票号账簿，原属一种旧式簿记，但其组织之完备，登记之详密，亦可称为旧复式簿记。"[1] 晋商票号首创了中国的复式簿记制度。票号的每笔汇款都要在汇出分号和汇入分号同时登记并报送总号，总号再逐笔核对平衡，形成了原始的复式簿记制度。

晋商票号的账簿多达十几种，根据一份 1911 年天津义善源票号倒闭清理时的记录，该号账簿共 12 种 22 册，如表 3-2 所示。

表 3-2　天津义善源票号所设账簿

账簿名称	长期账	规元账	局所账	各记账	各号账	炉房账
册书	一册	一册	四册	五册	二册	二册
账簿名称	洋元账	往来账	暂记账	存条账	拨条账	名有账
册书	二册	一册	一册	一册	一册	一册

晋商的账簿概括起来大致可以分为流水账、老账、现金账和浮记账四种。流水账又可称为各种账目的原始账，类似于现代银行的日记账，各项交易都需

---

① 中国人民银行山西省分行，山西财经学院. 山西票号史料［M］. 太原：山西人民出版社，1990.

要在此账中加分录。例如，在日升昌票号的流水账中有这样的记载："冬月初一日：收曾西臣会长足纹银二百二十三两九钱每百大二两四共大平五两三钱七分。"① 然后过入老账。老账是指按照流水账的各个抬头分别记载的账簿，该账簿包括商号全部财产的变动。根据老账可以了解财产情况以及经营效益。该账簿中虽然名称很多，但不外入出老账和收取老账两种，也就是年终财务决算中用到的进缴表和存该表。现金账是为了核对库存而设立的，每日的现金出入都要记录在内，最终出入合计的数额应该等于库存的现金数。浮记账是为了提高工作效率而设的，日终结算的时候，只需将收付两方的合计数一笔转入流水账即可。同一笔经营活动分别记入不同账目，这样互相核对就可以防止内部人贪污等问题。1879 年山西大旱，有外地捐款 1 万两由三晋源票号汇至太原的百兴源票号，官府未及取出，被该号王鉴、车跃龙、贾世源私吞，此事在 1883 年查账时查出。这表明晋商的财务簿记制度是严密有效的。

现代商业银行在年终均要进行年终决算，并根据决算报告稽核财务状况；晋商也有自己的决算和稽核制度。年终时，晋商总号汇结各分号的年总结，再加上总号本身业务，综合编制清单（即决算报告），向股东报账，而遇到账期时，还要根据清单计算出每股应分红的数字。

晋商票号是通过"合龙门"的方法来进行财务稽核的。所谓"合龙门"，就是指在年终结算的时候，将所有账目按其性质划分为进、缴、存、该四类，进缴表和存该表相当于现在的收支表和资产负债表。两表的关系是应该满足差额相等，即"进-缴=存-该"。年终结算时要看两表是否能合拢，如果不能合拢，就要查找原因：是核算过程出现错误还是账目中存在舞弊现象。在当时交通、技术等都不发达的条件下，能通过以上制度来稽核财务、控制财务风险，实属不易。另外，晋商票号年终的稽核不仅包括对财务状况的稽核，还包括各分号内外事务等诸多方面，如"每年正月初八日，选派稽核一二人，分巡各庄稽核。当选员不拘住家住外，临期带祁信前往，稽核之事如下：（一）专查内外事件；（二）账簿折据；（三）本号人位优劣；（四）审查社会之情形，定进退之标准"②。可见，晋商票号不仅注重事后稽核，也注重事前监督和经常性的监控。

① 中国人民银行山西省分行，山西财经学院. 山西票号史料 [M]. 太原：山西人民出版社，1990.
② 黄鉴晖. 山西票号史 [M]. 太原：山西经济出版社，2002.

晋商账簿的种类繁多，账簿制度配合年总结和清单制度，对晋商经营管理、发展壮大起到十分重要的规范作用。

8. 决策制度

晋商发展到壮大时期，已经形成了联号的、大规模的商业集团，各个商号都要处理自己的业务、财务事宜，其业务的复杂程度绝不亚于今天的商业企业，因此其企业决策机制要比较完善有效。

晋商在经营上采取两权分离的制度，在决策上也是高度集中，充分体现了其结构性的特征。各分号掌柜在规定的权限内各负其责；大掌柜统揽全局，遇到重大决策则向东家汇报，协商处理。这样的决策制度在晋商发展中效率非常高，使企业运作保持高度的一致性，推动了企业的快速发展。但这样的决策制度也有弊端：当用人不当或身在高位的决策者决策失误时，高度集中会形成一言堂的局面，甚至导致更大的亏损。

9. 同业组织制度

晋商在发展过程中为了维护商人们的利益，协调关系，处理纠纷，自发地成立了商帮行会，并形成了各自的行会组织制度。尽管行会内部各商家实际上是分散的，但在同业组织中有管理制度、惩罚制度，使商帮行会组织能够有效运营。

光绪二十九年（1903 年）的北京汇兑庄商会章程载："商会之设，原所以联络同业情义，广通声息。中华商情向来涣散，不过同业争利而已。殊不知一人智慧无多，纵能争利亦属无几，不务其大者而为之。若能时相聚议，各抒所见，必能得巧机关，以获厚利。即或一人力所不及，彼此信义相孚，不难通力合作，以收集思广益之效。"章程规定执董设置，聚会时间，定期不定期协商讨论，"或有益于商务者，或有病于商务者，即可公平定议，禀请大部核夺执行"。①

晋商的商帮行会不仅存在于票号行业，在晋商的其他行业也存在，这适应了市场和行业发展的要求，取得了非常好的管理效果。晋商同业组织文化实际上是商会文化现象，它在当时起到了联络商帮、协调矛盾、惩罚违反游戏规则成员的作用，对商帮形象的树立、商帮的健康发展起到了积极的规范作用，在今天看来仍具有很强的借鉴意义。

---

① 中国人民银行山西省分行，山西财经学院. 山西票号史料 ［M］. 太原：山西人民出版社，1990.

晋商经营制度文化十分复杂，这里仅从文化观察的角度，对其特点和主要内容进行管中窥豹式的梳理和分析，从而有利于认识晋商文化现象，以期对今天的企业制度、经济文化建设有一定的借鉴价值。

（二）晋商经营制度文化的特点

晋商在长期发展过程中创立、发展、实践着各种规章制度，这些规章制度及晋商的行为规范共同形成了晋商经营制度文化，它是在晋商所处的特定时空条件下形成的管理体系，具有自己的特点，形成了晋商优秀传统文化的关键内容。刘建生等人在《明清晋商制度变迁研究》中，对晋商经营制度的特性进行了较为详细的分析，提出其具有整体性、结构性、有序性、开放性等特点。对晋商经营制度进行梳理分析可知，晋商制度还具有发展性、复杂性等特点。结合一些史料，可以进行更简洁的、进一步的分析，以便把握晋商制度的特点，加深对晋商经营制度文化的认识和理解。

1. 晋商经营制度的整体性

晋商经营制度不是某一个家族的制度，而是一个商帮的制度，是区域性的行业制度。在这个制度框架下，各个晋商家族制度、各种内部子系统制度连为一体，相互交错，在长期的发展中体现出其协调发展的整体性。明清时期，随着资本主义萌芽的增长，国内外商业竞争也在加强，晋商为维护既得利益，巩固已获得的商业阵地和某些行业的垄断地位，彼此联合起来，互相提携，互相帮助，形成一个纵横连接、网络贯通的地域性商业集团，被人们称为"山西帮""晋帮""西帮"等，今天统称为"晋商"。"中俄恰克图贸易长期为晋商垄断，商号最多时达120余家，各商号联合起来，形同一家，一致对外，与同行竞争，使外帮势力无法涉足其间。"① 当然晋商虽然对外一致行动，内部也有竞争。他们通过晋商会馆制度共同对抗其他商帮的挤兑，争取政府政策上的关照，协调商帮内部矛盾，解决帮内成员之间的纠纷，促进商帮的合作，扩大商帮的整体实力，使这个系统能够有效运行，产生非一家商号可以实现的更大利益。如河南南阳社旗山陕会馆，雍正二年（1724年）《同行商贾公议戥秤规矩》碑记载，当时有商家改换戥秤，形成内弊，商会因此公议了戥秤标准，规定："公议之后，不得暗私戥秤之更换。犯此者，罚戏三台。如不遵者，举秤禀官纠治。"反映了晋商经营制度的整体性及其内部调整的特殊机制。晋商文

---

① 刘建生，刘鹏生，燕红忠. 明清晋商制度变迁研究［M］. 太原：山西人民出版社，2005.

化有十分典型的特点：非常重视伙伴之间的关系，善待"相与"；重视地域内同业之间的整体协作关系，形成较为统一的经营制度，提高了商号内部和商帮内部的协作性；各商号共同维护商帮的利益，而且通过制度体系体现，甚至进行明文规定，形成规范。在社会政治制度、经济体制、经济环境相对稳定发展的情况下，晋商经营制度的整体性进一步稳定了商帮的营运秩序，保持了商帮稳定持续发展。

晋商在大家族内部经营管理制度方面也体现出整体性的特征。明清时期，各大家族都兼营数个领域的生意，分号也比较多，处理各个领域的业务协作、协调各个分号之间的利益关系非常重要。比如太谷曹家，其经营特点之一是："钱庄、当铺、粮店、烧锅及杂货五位一体：当铺利润投放钱庄，充实钱庄资金；钱庄放贷所得厚利支持粮店囤积居奇；转手得利后，再投入烧锅、杂货等商号以谋取利润。"① 这样各商号的不同业务形成有机的统一体，相得益彰，共同发展。

正因为晋商内部各商会、家族、商号之间能够在竞争中求得协调，形成一个有活力的整体系统，才使晋商在长达数百年的历史中，长期取得商业上的发展。整体性高，制度效能才能发挥得好。今天在社会、经济、文化制度建设中，还存在着这样或那样的问题，其中就有不少属于行业间、行业内制度整体性不足的问题，导致制度运行中的"踢皮球""扯皮"现象，降低了工作效率，增加了协调难度。借鉴晋商经营制度的整体性，对今天的制度建设也有很大帮助。

2. 晋商经营制度的结构性

晋商经营制度涉及的范围很广，必然形成一定的结构。刘建生等人在《明清晋商制度变迁研究》中提出："制度系统的结构性是指在制度系统内部各种制度安排都是以一定的组织形式或结合方式联系在一起，并相互发生作用和影响。各种制度安排之间的这种组织形式或结合方式反映了制度系统的结构特性，制度系统结构对于制度功能有着重大影响。"② 晋商经营制度的结构性十分明显，它通过组织结构和岗位职责来体现。

在所有权和经营权分离制度下，联号企业各商号在业务经营上相对独立，这样容易产生各分号之间业务协作上的脱节现象。为了解决这个矛盾，晋商通

---

① 刘建生，刘鹏生，燕红忠. 明清晋商制度变迁研究［M］. 太原：山西人民出版社，2005.
② 同①.

常采取总号统支号、大号管小号的办法，使分号统属总号，形成金字塔形管理模式，有效地处理了这种矛盾。这事实上符合现代管理学中的管理跨度原则，体现了明显的结构性特征。它层层节制，保证了整个制度系统有条不紊地运行，提高了制度体系的运行效率。比如，太谷曹家以砺金德、用通玉、三晋川三个账庄为统辖各号的中心枢纽，而三号中又以砺金德权力最大，统一协调各支号之间的业务，结构性特征十分突出，如图3-1所示。

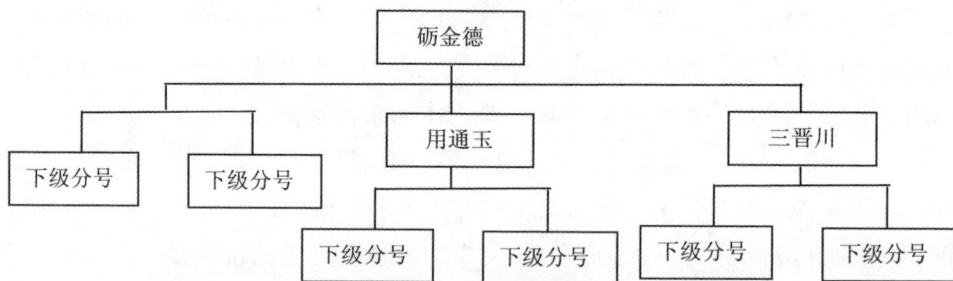

图 3-1 太谷曹家联号结构

在岗位设置上，晋商也充分发挥了结构性效能优势。晋商票号的总号人员及职务设置体现了结构性。1937年，李谓清在《山西太谷银钱业之今昔》中提出："太祁平各汇票总庄内部组织，大都相似，即大掌柜一人，为全号之领袖，有总理全号内外事务之权。二掌柜一人，辅助大掌柜总理全号事务，负督促全号人民勤怠之责，故各伙友对之，每较大掌柜尤为畏惧。三掌柜一人，辅助二掌柜监督全号伙友，负柜台上接待顾客之责。管账先生一人，总理全号账目，负银钱出纳之责。副管账一员，辅助管账经营账目。帮账二员，受副管账指挥，助理各项账簿。文牍先生一员，办理号中对外文件。录信员二员，誊写号中来往文件。正跑街一员，负上市接洽存放款及一切银钱往来之责。副跑街一至三员，辅助正跑街办理一切上市业务。练习跑街数员。坐掌柜一员（俗称拦柜头），负管理门市部之责。"[1] 分号的组织要简单一些，但也要遵循总号的规章制度，体现了晋商经营制度的结构性。晋商经营制度的结构性、层次性很强，同时在基本业务的开展上给了各分号很大的独立性，运作效率比较高，能充分发挥各分号的积极性，并有效地监控、管理各层分号的业务，体现了统筹兼顾的作用，在今天的工商业管理中还有很强的可借鉴性。

---

① 李谓清. 山西太谷银钱业之今昔 [J]. 中央银行月报, 1937, 6 (2): 185-193.

除此之外，晋商由于在山西不同的地理区位，形成了晋商内部的商帮。1917 年的《记山西票号》记载："票号多统称为山西帮，惟此乃广义的派别。实则就其内部组织及地点关系而分之，可别为三派：一为平遥帮、一为太谷帮、一为祁县帮，均系发祥之所在地而得名也。因各有帮，故其势力各有一定之范围，彼此相互关系亦各有不同。然晋人嗜利，为天下著，虽各有其帮，实际上之团体，并不十分坚固，亦属各利其利，以相竞争耳。三者之中，以平遥帮设立为最早，营业区域较广，资本亦较雄厚，故在票号中殊占优胜势力，如已闭之日升昌，此其最著者也。"① 除此之外，还有太原帮和南帮等其他派别。这个史实反映了帮内有帮的结构性特征。

3. 晋商经营制度的有序性

晋商在长期发展中自觉地形成了经营制度的有序性，使其在管理上井然有序，运营成本和风险大大降低。制度系统的有序性是针对无序性而言的。"制度系统的有序性表明的则是系统内部组织的合理程度，它是决定整个系统的功能能否充分发挥的重要因素。""系统的有序性越强，其不确定性越小，所传递的信息也就越明确。"②

晋商在职工聘用上是有序的。比如晋商票号的学徒制度，有序性很强，职员要经过遴选、训练和出班三个阶段的考核，而且各阶段都是严格执行的，保证了其有序性。晋商票号对新进职员实行学徒制，时间为三年，一般在总号训练，聪明出众者两年就可以被派往分号，过分愚笨者不到三年就会被打发回家。学徒第一阶段是为掌柜"提三壶"（茶壶、水壶、尿壶），打水、扫地、干杂活，伺候掌柜，不设座位，晚上练习打算盘、写字，考察学徒是否忠诚克勤，有无出息，适不适合做票号生意；第二阶段由掌柜口传训练，背记"平砝银色折"等专业技能知识，做一些抄写或帮账之事；第三阶段可以在柜上跟着师傅学习做生意。

晋商在营运规则上也是有序的。"山西商人的运输队分为驼帮和车帮两类。驼帮集队而行，组织为'队'和'房'。15 驼为一队，由 2 人骑马驾驭。10 队为一房，计驼 150 只，马 20 匹，赶驼人 20 人。……'日入而架，夜半而止。白昼牧牛，必求有水之地而露宿焉。以此无定程，日率以行三四十里为

① 东海. 记山西票号［M］//黄鉴晖，等. 山西票号史料. 太原：山西经济出版社，2002.
② 刘建生，刘鹏生，燕红忠. 明清晋商制度变迁研究［M］. 太原：山西人民出版社，2005.

常．'……'镖师数人，更番巡逻，入寝，则以犬代之，谓之卫犬．'"①
"……凡事待人以德，必须诚心相交，凡事自能仰仗。我号人地生疏，成地市风浇薄，暂时不必放手贪展，只以察阅地面情形，询访盈虚消长，以作虑而后动之计。半年市面渐熟，心中果有底据，再作贪放，未为晚也。……"② 通过这些文字描述可以体会到晋商在业务运营中的有序性，这样就减小了风险，降低了成本。实际上，晋商的有序性不仅体现在这些方面，也体现在其他运营方面。

晋商在商帮同业管理中是有序的。山西商帮实际上分为多个商帮，陈其田在《山西票庄考略》中指出："平、祁、太三帮里面，平遥帮最早，票庄的先锋日升昌和蔚泰厚都是在平遥，其次是祁县帮，太谷帮最新。平遥帮与其他两帮比较，不但资格最老，经营的地域较广大，资本优裕，号规也比较严肃，除了这几点之外，看不出来三帮有什么重大的区别。"③ 从这里可以看出，山西票帮的相似性是很强的，当然许多票商还经营其他业务，大体也是相似的。这样，他们之间就难免会有竞争。陈其田通过调查几种关于山西票商之间差异的说法，提出："三种答案，大同小异，互相补充，可以大略说明平、祁、太三帮票庄营业地域的分合演进情形。"④ 这种分合演进的结果就是产品同一化、市场同一化，其必然结果就是竞争。在正常竞争的情况下，市场往往起主要作用，因此各商号之间也存在互相挤兑的情况，但当竞争纠纷较大时，就由其同业组织来进行协调，这又从另一个层面体现了晋商经营制度文化的有序性。这种有序性发挥得越好，就越有利于区域经济的稳定与发展。今天商业经济快速发展，企业之间商业纠纷层出不穷，是否可以从晋商同业组织的有序性上获得一些有益的思考呢？答案是肯定的。

晋商的业务运作制度中同样体现出有序性。比如标期制度，郝汝椿在《清代晋商严密的制度独创》中提出："标期制也是清代晋中商人的独创，是一种在晋中商人中实行的以信用为基础的定期结算制度，在晋中商人的大本营和主要活动区域祁县、太谷、平遥、归化城、张家口都实行这种结算制度。其主要内容是：一年分为春、夏、秋、冬四个标期，在日常的商品交易中买卖双方只

---

① 刘建生，刘鹏生，燕红忠．明清晋商制度变迁研究［M］．太原：山西人民出版社，2005．

② 中国人民银行山西省分行，山西财经学院．山西票号史料［M］．太原：山西人民出版社，1990．

③ 陈其田．山西票庄考略［M］．北京：经济管理出版社，2008．

④ 同③．

是赊账，并不结算；只是到了标期的前三天开始进行人欠和欠人的账目核对，经相互抵顶后的净额，必须在规定的标期日前进行现银的交割。标期过后，则各字号继续以赊账的方式进行买卖，直到下一个标期。如果在过标时发生无法交割的'顶标'情况，这家字号就会被视为无信用字号，各字号就不会与其进行生意往来，也就等于被踢出这个圈子了。"

每年的四个标期由当地有影响的一些大字号协商确定，分为东口标（张家口）、西口标（归化城）、太原标、太谷标、祁县标、平遥标、汾阳标等。各地的标期间隔基本上根据起镖运现的时间确定。蒋学楷在《山西省之金融业》① 中记载的 1935 年的春标为：东口二月四日，西口二月二十日，太原三月三日，太谷三月八日，汾阳三月十二日，其中间隔的时间正是各地之间起镖运现的时间（此时虽然早已有了票号银行，但因标期制远在康熙时就实行了，所以或许因相沿成习，或许为遵循祖规，此时仍沿用以前的运镖间隔日期），这样各地之间相互衔接，就形成了一条有序的结算链条。

这种标期制度大大地节省了结算时间，极大地提高了资金的使用效率，为晋商提供了"一两银子当十两用"乃至"空手套白狼"的巨大商机。比如，一个字号在三个月内做 10 笔 1 万两的买卖，如果现买现卖，得拥有 1 万两的资本，得结算 10 次；而实行标期制度，甚至可以没有一分钱就能做成这 10 笔 1 万两的买卖，仅需结算一次盈余即可。②

没有规矩，不成方圆。以上几个方面的阐述都表明了晋商经营制度的有序性，晋商经营制度的有序性使晋商能够扩大资金效用、减少营运成本，增加了收益机会。

4. 晋商经营制度的开放性

晋商在发展过程中，市场范围不断扩大，几乎遍及国内，还把分号开到了国外。客观地分析，在晋商扩展势力范围的时候，必然会遇到新开发地的原有商业制度、商业习惯等，难免产生冲突。因此，需要以开放的姿态，及时、主动地吸纳新养分，改造自己，以适应新的环境。比如当时晋商与蒙古人以及俄国人做生意，就在职业训练中加入语言学习与运用的内容，变成会说蒙古语以及俄语的商人，提高了自己的沟通能力，增加了市场机会。开放性使晋商经营制度具有创新性，从而产生发展性。在发展壮大的过程中，晋商经营制度的开

---

① 蒋学楷. 山西省之金融业 [J]. 银行周报, 1936 (21)：22-30.

② 郝汝椿. 清代晋商严密的制度独创 [J]. 学习月刊, 2006 (17)：52-54.

放性决定了其能够与环境相协调，提高了企业的适应性。今天，经济发展呈全球化趋势，各种企业应该主动地形成开放性制度系统，吐故纳新，保证制度的活力。

5. 晋商经营制度的发展性

晋商经营制度的发展性，一般的原因：一是事物发展的必然规律，晋商在发展初期的许多制度安排实际上都是自发的，不一定是自觉的，这个时候事物发展的必然规律就起着关键的作用；二是晋商制度的开放性，晋商多数时候都能以开放的姿态，吸纳新的养分，主动改进制度的不适应性，比如，晋商独资制—贷金制—朋合制—伙计制的阶段性发展就体现了这一特点。晋商经营制度的发展性使晋商在不同发展阶段调整自己的制度系统，呈现出过程性、发展性。今天，市场竞争呈全球化态势，任何企业的经济制度如果墨守成规、一成不变，是无法跟上经济、市场环境发展步调的，因此应该不断地发展制度系统，形成发展性的经营制度管理体系。

6. 传统文化对晋商经营制度的规范性

晋商文化与传统文化密切相关，其制度也体现出这一特性。如大德通票号的号规中就有不少体现这一特性的规定。大德通票号 1884 年新号议定号规："……一议：各码头总领，务须各秉天良，尽心号事，不得懈怠偷安，恣意奢华，是所切望。……各处人位，皆取和衷为贵，在上位者固宜宽容爱护，慎勿偏袒；在下位者亦当体谅自重，不得放肆。……"1901 年为蜀庄拟章程四条："……凡事待人以德，必须诚心相交，凡事自能仰仗。第我号人地生疏，成地市风浇薄，暂时不必放手贪展，只以察阅地面情形，询访盈虚消长，以作虑而后动之计。半年市面渐熟，心中果有底据，再作贪放，未为晚也。……"① 通过对以上资料的分析，不难发现，晋商的号规制度具有明显的规范性，其中体现出的仁义、和气、中庸、节约等优秀传统文化成分，使晋商经营制度符合当时社会的基本文化要求，取得社会的普遍认同，有利于晋商的发展和市场形象的树立，因此具有很强的可借鉴性。

7. 晋商经营制度的复杂性

晋商在发展过程中不仅扩大了各自的经营范围，又从商业运营形式上分化出驼帮、车帮、马帮、船帮等。在清代中期以后，晋商独具慧眼，看到了金融

---

① 中国人民银行山西省分行，山西财经学院. 山西票号史料［M］. 太原：山西人民出版社，1990.

市场的发展潜力，开始了票号业务。这些业务或烦琐，或要求精密，对晋商制度的严密、有效程度提出了更高的要求，使晋商制度的复杂程度大大提高。纵观与晋商有关的史料，都对其制度进行了尽可能详尽的列举与分析，比如《山西票号史料》对晋商票号的制度资料进行了详细的分析和列举，《明清晋商制度变迁研究》专门针对晋商制度历史进行考察，它们都对其复杂性进行了展示。

晋商在经营运作中的信息处理上，更体现了复杂性。山西票号实行总分号，总分号实行统一核算。总号的正确决策来源于对市场变化和各分号情况的深刻把握，其信息来源只能依靠管理层和职工提供，在形成决策之后再贯彻下去，获得最大的经济效益，在当时的交通通信条件下，这个经营管理活动是十分复杂的。晋商信息处理的复杂性使总号及时掌握全国各地市场动态，了解各分号的业务进行状况，从而有利于总号的决策行为；同时各分号之间能够及时通报业务，协调配合，调度资金，实现"酌盈剂虚，抽疲转快"。这主要依靠各分号之间、分号与总号之间不断的业务信息的沟通和协调。当时各分号联系的手段主要是信件，通过民信局予以传递。晋商很好地把握了信息处理的复杂性，使业务能够顺畅运行。在晋商票号经营中，信息处理的复杂性体现出的价值更为重要，它在晋商票号经营历史中保障了汇兑业务的畅通和安全，还有效保守了商号的商业秘密，使其他地域的商人不易学会晋商的票号汇兑技术，保持了其业务经营上的垄断性。

晋商制度的复杂性是由其经营业务范围的广泛性决定的。晋商制度具有复杂性，而其经营管理资料遗存又极其有限，为全面研究晋商制度带来了很大的困难。但在各种管理制度的制定、完善等方面，晋商制度的复杂性为我们提供了极具价值的借鉴意义。

二、晋商经营艺术和晋商精神

（一）晋商经营艺术

孔祥毅曾在《晋商文化及其特点》中对晋商经营艺术进行概括，提出其包括"人弃我取，人取我与""和气生财，善待相与""灵活机动，薄利多销"

"信用贷货，银贸结合""预提倒款，抽疲转快"① 等方面。结合今天的经营理论进行总结，晋商经营艺术主要表现为以下四个方面。

1. 分析市场，相机而动

晋商重视市场环境分析，并以市场情况为依据，适时、及时地推出相应的对策。战国时，山西境内的魏国大商人白圭把经营术概括为"人弃我取，人取我与"②，实际上就是分析市场，相机而动的典型表现。后世山西商人接受了他的经商思想，掌握了这门经营艺术。

据《太平广记》记载：在唐朝时期，"唐裴明礼，河东人。善于理生，收人间所弃物，积而鬻之，以此家产巨万。又于金光门外，市不毛地。多瓦砾，非善价者。乃于地际竖标，悬以筐，中者辄酬以钱，十百仅一二中。未洽浃，地中瓦砾尽矣。乃舍诸牧羊者，粪即积。预聚杂果核，具犁牛以耕之。岁余滋茂，连车而鬻，所收复致巨万。乃缮甲第，周院置蜂房，以营蜜。广栽蜀葵杂花果，蜂采花逸而蜜丰矣。营生之妙，触类多奇，不可胜数。贞观中，自古台主簿，拜殿中侍御史，转兵吏员外中书舍人。累迁太常卿"③。如果在今天，裴明礼的经营方式可以被称为循环经济，他的农场是一个典型的生态农业园区。裴明礼从事废物利用业务及购置地产体现了高超的经营艺术，用市场营销学理论分析，实际上是对环境进行充分分析，进而采取恰当举措的经营艺术，也属于"人弃我取，人取我与"的思想范畴。

明清时期的晋商也精于市场环境分析，注重市场环境信息。他们流传至今的商业谚语称："屯得应时货，自有赚钱时"；"人叫人，观望不前，货叫人，点首即来"；"买卖赔与赚，行情看一半"等。例如明代蒲州商人王海峰，当蒲州人大多西到秦陇、东到淮浙、西南到四川经商时，他却深思熟虑地看中了人们不愿意去的长芦盐区。当时长芦盐区官僚显贵、势豪奸绅上下勾结，使这一盐区的运销不能正常进行，商人纷纷离去。但王海峰在了解该盐区运销史、盐政情况的基础上，审时度势，断然决定在长芦盐区经商，并向政府提出了整顿盐制、杜绝走私的建议。后来，长芦盐区经过整顿，盐的运销又繁荣起来，盐商蜂拥而至，长芦盐区的税收随之增加三倍多，王海峰成为这一盐区的著名

---

① 孔祥毅. 晋商文化及其特点［M］//高增德. 晋商巨擘：晋商·常氏文化学术研讨会论文集. 太原：山西经济出版社，2005.

② 司马迁. 史记·货殖列传［M］. 北京：中华书局，2019.

③ 李昉，扈蒙，李穆，等. 太平广记：卷二百四十三［M］. 北京：人民文学出版社，1959.

富商，动辄万金，毫不在意。明代大学士张四维评价他说："海峰王公者，雄奇人也。……胸中有成筹矣，人所弃我则取之，人所去我则就之。"① 王海峰分析市场情形，积极应对，采取了恰当的措施，抓住了商业机遇。

而洪洞人王谦光经营山东盐业，"累致万金，时盐运日弊，知已不可为，乃决计弃去。后山东盐务果益疲，商大困，人自危，时谦光谢业已久，不受其害，人皆服谦光远见"②。他通过对时势的审视，对市场环境的分析，及时舍弃原有业务，因此减少了损失。

对比以上两位晋商的做法，都是对盐业经营的分析，一取一舍间，都体现了晋商审时度势的市场分析艺术。

山西商人掌握市场信息的渠道有多种，当各地商号了解到市场信息后，便通过书函等形式，及时汇报给总号，总号与分号之间三五日就有信函往来，保证了商号内部及时掌握各个地方的政治军事、工农业生产、市场以及政界人事变动等信息，从而采取相应的对策。如大德通票号掌柜高钰，就善于利用关系获取信息并加以利用。光绪二十六年（1900年），英、美、德、法、俄、日、意、奥八个国家组成侵华联军，侵略中国。八国联军攻进北京后，公开抢劫3天，许多商民被无辜杀害，财物被抢掠一空。在这场入侵战争发生之前，高钰为了防止票号遭受战乱的破坏和损失，及早采取措施，安排京、津、鲁分号撤庄，其他分号也收缩业务，京、津伙友全部撤回山西，各号现银调回山西。西安分号运回山西祁县的现银，在他的安排下，由陕西方面派兵护送到山西平阳府（今临汾），再由平阳府派兵护送到祁县，保证了现银的安全调运。另外，当慈禧太后与光绪皇帝西逃途经山西时，高钰又提前获得信息，把祁县大德通票号作为清廷人员的临时下榻之处，给予接济。大德通票号因此声誉大增，生意兴隆。山西票号除经营私人汇兑外，还代清政府汇解京饷和军协各饷，收存中央和各省官款以及吸收官僚存款和给予垫款，③ 取得了垄断性的业务，获得了极高的利润。清末，高钰又审时度势，做出与之前不同的决策。贾家箫的《高子庚翁传略》记载："嗣至清末，庚戌（1910年）清廷命瑞澂制两湖，公（高钰）觉清室无人，事必大变，故毅然决然，预作保守主义，力还外贷，以减架本，而实行收敛。当彼时人多讥公与求利之道悖谬，殊不知卓见独到，纯

① 张四维. 海峰王公七十荣归序［M］//条麓堂集：卷二十一. 上海：上海古籍出版社，2018.

② 张正明. 晋商兴衰史［M］. 太原：山西古籍出版社，1995.

③ 马伟. 晋商成功之道［J］. 文史月刊，2007（9）：52-57.

为避害。其收敛之计划，甫办理就绪，而辛亥之变即于彼时实现耶。其他各号犹然做梦，毫无准备，故多纷纷失败，相继倒闭，惟大德通则处之泰然。"①

类似这样审时度势的例子还有许多。"凡事豫则立，不豫则废"②，晋商善于分析市场，审时度势，预先策划，及时调整策略，采取适当的对策，从而抓住了市场机会，降低了市场风险。当然并非所有晋商都能对时势做出同样的判断，但晋商普遍重视市场环境分析，这是晋商取得发展的一个明显原因。今天企业经营注重市场营销研究，重视市场环境分析，与晋商的这一经营艺术是不谋而合的，它是晋商取得经营成功的必要条件之一。

2. 慎选合作伙伴

晋商把合作伙伴称为"相与"。晋商清楚合作伙伴的重要性，因此在选择"相与"时十分谨慎，不了解底细的商号一般不轻易合作。可是一旦合作，只要双方都能以诚相待，彼此之间建立信任关系之后，就互相扶持，鼎力相助。如山西祁县乔氏开办的"复"字商号，尽管资本雄厚，财大气粗，但与其他商号交往时却要经过详细了解，确认该商号信义可靠时，才与之建立业务交往关系，否则均予以婉言谢绝。其目的是避免卷入不必要的麻烦旋涡之中。但是当看准对象，摸清市场状况，认为可以成为"相与"时，又舍得下本钱，放大注。对于已经建立起"相与"关系的商号，均给予多方支持、业务方便，即使对方中途发生变故，也不轻易催逼欠债，不诉诸官司，而是竭力维持和从中汲取教训。"复"字号认为，即使本号吃了亏，别的商号沾了光，也不能因此把钱花在衙门里，这也是晋商文化中处理合作伙伴纠纷的一个鲜明特点。广义绒毛店曾欠"复"字号五万银元，仅以价值数千银元房产抵债了事。至于"复"字号下属商号，一旦停业时，则要把所欠外债全部归还，外欠的能收多少算多少。"复"字号的上述做法，使它在同业中威望很高，影响甚大，故许多商号均以能与"复"字号建立"相与"的业务交往关系为荣。又如榆次常氏天亨玉商号，该号掌柜王盛林在财东将要破产时，曾向其"相与"大盛魁商号借银三四万两，并且让财东把天亨玉的资本全部抽走，天亨玉在无资金的状况下全靠借贷维持，仅将字号改名为天亨永，照常营业，未发生倒账，全凭着王盛林掌柜的人格信用。1929 年大盛魁商号发生危机时，王盛林认为该号

---

① 贾家瀍. 高子庚翁传略 [M] //黄鉴晖，等. 山西票号史料. 太原：山西经济出版社，2002.

② 孔伋. 中庸 [M] //戴圣. 礼记. 西安：西安交通大学出版社，2022. 豫，同"预"，预先，指事先做好计划或准备。

受过大盛魁"相与"的帮助，不能过河拆桥，不顾一些人的反对，仍然设法从经济上、业务上支持大盛魁，帮它渡过难关。① 由于慎选"相与"，双方实现了互惠互助的共赢局面，这是慎选合作伙伴带来的善果。

晋商慎选商业合作伙伴，减少了经营风险和经营成本，稳定了自己的商业秩序，商号之间以互助互利代替了相互排挤，取得了"共赢"。

3. 灵活机动，满足需求，薄利多销

商业发展重在流通周转，晋商不仅善于分析市场环境信息，还能灵活地处理市场信息，采取相应的措施。善于组织顾客最需要的货源，才能达到购销两旺。明清时期，山西旅蒙商号经历 200 余年，经久不衰，其中有一条经验是组织货源有针对性，销售方式灵活。蒙古牧民以肉食为主，喜饮砖茶，以助消化，大盛魁便自设茶庄进行砖茶的加工、运销，以满足牧民需要。蒙古牧民喜欢穿结实耐用的斜纹布，大盛魁便专门大量组织货源，满足斜纹布的供应，并将布料按照蒙古牧民的习惯，裁成不同尺寸的蒙古袍料，由蒙古牧民任意选购。蒙古靴、马毡、木桶、木碗和奶茶用壶等都是蒙古牧民生活中的必需品，大盛魁便按照牧民的习惯要求，专门加工定做这些物品。晋商的做法体现了现代市场营销学中的"需求导向"经营观念，自然获得了较好的收益。

今天市场营销学告诉我们，价格对于销售的促进作用是明显的，谁能控制成本，降低价格，往往能取得销售上的增长，加快商品流通，提高商业资本的利用率，取得较好的收益。晋商十分明白这个道理，还总结了许多薄利多销的经验，并归纳为营销商谚，如，"不怕不卖全，就怕货不全"，"买卖争毫厘"，"生意没有回头客，东伙都挨饿"，"能打会算，财源不断"，"买卖不算，等于白干"等。如祁县乔氏在包头开的"复"字商号，做生意时不随波逐流，不赚昧心钱，坚持薄利多销，其所售米面油盐，从不缺斤短两，不掺假图利；其所用斗秤，比市面上商号所用斗秤都要略让些给顾客。于是，包头市民都愿意购买"复"字商号的米面，其生意越做越好，收到了薄利多销、加快资金周转的效果。②

晋商灵活机动、满足需求、薄利多销的做法，实际上是以市场需求为导向、以顾客需要为出发点的经营艺术，与今天市场营销学的需求管理是相通的。

---

① 侯文正. 晋商文化旅游区志［M］. 太原：山西人民出版社，2005.
② 同①.

4. 注重商品质量和信誉，富有品牌意识

晋商注重商品质量，视信誉为命根子，坚持信誉第一。强调做买卖必须脚踏实地，不投机取巧，赚不骄傲，赔不气馁，宁赔本也不做玷污商号招牌的事。如祁县乔家在包头的复盛公油坊，一次运胡麻油回山西销售，经手员工为图厚利在油中掺假，掌柜发现后立令倒掉重装，虽经济上蒙受了损失，却获得了市场的认可与赞誉，近悦远来，获益颇丰。

晋商注重信誉，自然招来终生主顾。绝大多数蒙古人都是认准晋商某一牌号的砖茶后，长期购用，终生不变，品牌忠诚度极高，只认牌子，从不还价。他们甚至以晋商的砖茶代替银两货币，作为物资交换的手段。晋商还为蒙古牧民赊销物品，一季一结。双方均讲信用，凡应允之事，必须办到。

晋商注重质量和信誉，有利于其品牌建设，形成了无形资产，扩大了宣传，对于销售工作也有非常大的促进作用，加强了顾客的忠诚度。这实际上就是今天市场营销学、企业管理学所讲的顾客忠诚管理，晋商在当时已经运用得很普遍了。

（二）晋商精神

晋商在长期的经营发展中形成了富有特色的商帮企业文化，主要表现为晋商精神。在经营、管理、生活、社交中，晋商的积极进取、创新、勤俭、敬业、艰苦奋斗、诚信经营、讲究人和等行为形成了晋商精神的精髓，主要表现为六个方面。

1. 积极进取和创新精神

积极进取精神是晋商的精神支柱。明清时期，晋商利用国家政策，积极运作，迅速起步。清朝中叶，雷履泰洞察汇兑业务前景，首开票号先河。清朝后期，乔致庸克服万难，带领商队穿行江南、大漠；常家商号将茶叶生意做到海外市场，名列茶行商业首位；等等，不胜枚举。在当时的社会环境下，很多优秀的山西商人抓住机遇，迅速发家致富，但机遇与挑战是并存的，如果没有进取精神，是不能抓住稍纵即逝的机会的。

晋商在经营中缺乏更先进的商业理论指导，不断遇到新的市场环境和问题，但晋商优秀分子总能表现出创新精神，积极进取，推陈出新，适应时局需要，取得长足的发展。如晋商创立票号汇兑业务、股份制、两权分离制度、顶身股制度等，无不体现晋商的创新精神与意识。黄鉴晖在《明清山西商人研究》一书中提出："在明清两代，商人创办的新行业，至少有钱铺（或钱庄，

也包括银号)、印局、镖局、账局、民信局、票号六个新行业或经济组织。……这六个行业或经济组织，除不知道钱铺是何帮商人创立和民信局是宁波商人创办的以外，所有印局、镖局、账局、票号都是山西商人创办的，其他商帮则大大落后于山西帮商人。……从我国边疆的空间贸易和新创办行业上，山西商人胜过其他商帮，即使在固有的行业上的竞争，山西商人也把其他一些商帮打得败下阵来，因而山西商人足迹遍天下，享誉海内外。"① 他们的创新精神内化为前进动力，为其在明清时期的迅速发展、壮大提供了原动力，这是晋商文化一个鲜明的特点。晋商的积极进取和创新精神是支撑晋商迅速发家、茁壮成长、对抗磨难的精神支柱。

2. 勤俭精神

晋商崇尚"善贾"理想。"善贾"的标志之一就是勤俭。明代张四维在《儒官东泉王公暨配孺人冯氏崔氏杨氏合葬墓志铭》中记述：山西蒲州商人王恩依靠勤俭持家的原则，恢复了一度几乎倾覆的家业。谢肇淛在《五杂俎》卷四中记载："新安奢而山右（指山西）俭。"明代沈思孝在《晋录》中说："晋中俗俭朴古，有唐虞夏之风。百金之家，夏无布帽；千金之家，冬无长衣；万金之家，食无兼味。"清代顾公燮也说："山陕之人，富而若贫，江粤之人，贫而若富。"张四维《条麓堂集》载：明代蒲州人王恩，尽管天南地北做生意，发了大财，但仍然量入为出，小心谨慎，"终其身未常有锱铢滥费"。乾隆《祁县志》记载：清代祁县人郭平诚，"虑家贫，以生殖致饶裕，性俭约，不喜奢华"。定襄邢渐达"十五岁而孤……而自事生业，艰苦备尝，不辞劳瘁，自奉俭约……盖自服贾以还，一切货物往来，俱存宽厚"。明清时期，勤俭精神在晋商中普遍存在，尤其在晋商先人创业之初与发展扩大的过程中，这一文化特征表现得更为明显。

从乔氏产业发展过程中就能观察到这一文化现象。乔家先祖乔贵发当年走到西口与徐沟秦氏合伙做生意，两人结为异姓兄弟，共同创业，勤俭持业，同甘共苦，为后世的基业打下了一定的物质基础和坚实的精神基础。他们过世之后，其子孙后辈依然长期合作，共同经营商号业务。明清时期，勤俭精神在晋商中普遍存在，尤其在晋商先人创业之初与发展扩大的过程中，这一文化特征表现得更为明显。勤俭精神对今天的家庭生活、企业运营甚至社会各部门管理都有借鉴价值。

---

① 黄鉴晖. 明清山西商人研究［M］. 太原：山西经济出版社，2002.

3. 敬业精神

山西商人不仅勤俭，而且敬业。寺田隆信认为："在山西商人的商业观中，对于经商这种职业，并不认为是低下的。甚至认为它是可以与达官贵人相匹敌的职业，故对于经商这种职业给予了高度评价。"[①] 他们既崇商又敬业，因此能长年累月地奔波于大江南北、朔漠荒原，以进入著名商号工作为理想追求。如前所述，晋商制度有苛刻禁律，众多商号规定外埠雇员三年才能回一次家，这样算来，如果一个雇员在商号工作40年，则要远离家亲达30年以上，尽管艰苦，但大家都能恪守号规，非敬业精神不可为之。

4. 诚信经营精神

晋商追求"良贾"理想，标准之一就是"不欺"，守信用。晋商对义、利的看法有独到的见解，提出"利以义制"的商业准则，也就是晋商的义利观。他们认为"平则人易信，信则公道著，到处树根基，无往而不利"，并在经商过程中认真践行。从思想道德层面分析，晋商最可贵的道德品质，就是"诚信"二字。晋商在几百年的艰苦创业、资本积累、发展壮大过程中，树立了诚实守信的核心理念，形成晋商优秀传统文化的核心价值观。在经商立业方面，他们既遵循敬业精神，又拥有诚信品格，坚守了自己的核心价值观。比如，祁县乔家在发迹初期，就提出以勤俭诚信为本，并且恪守原则。乔家在包头开设"复"字商号，做生意时从不缺斤短两，不掺假图利，诚信买卖，善始善终。因此包头的市民都愿意进出乔家的商号，乔家的生意搞得红红火火。在对外交往方面，晋商始终坚持"诚招天下客，信纳万家财"的观念。在经营发展中，晋商长期秉承诚信精神，取得了生意上的辉煌。

在内部管理方面，晋商讲究的是信守承诺、诚实做人。比如，他们把所有权和经营权分离开来，一旦将经营权委托给选定的经理人，财东便会信守合同，不再干涉号内的事务，让经理充分行使自己的职权。而经理也必须做到诚实无欺，上对东家汇报实情，下对伙计履行合约，如果违反，就会受到严厉的处罚，甚至解雇。在诚信理念的指导和惩罚制度的制约下，晋商把诚信看得高于一切。他们的人生信条首先是讲信用，其次是讲义气，再次才是谋利益。外国人曾评论晋商的诚信："这种品德在世界其他地域从未见闻。"梁启超也曾评论："晋商笃守信用。"[②] 刘建生等在《晋商研究》中说："在晋商中洁身自

---

① 寺田隆信. 山西商人研究 [M]. 张正明，道丰，孙耀，等译. 太原：山西人民出版社，1986.
② 马伟. 晋商成功之道 [J]. 文史月刊，2007（9）：52-57.

好也成为一种风尚。……若有人一经失足，遂为同行不齿，乡里所鄙，亲人所指，失去营生，就业无门，再无颜回归故土。故作弊即自毙，人人戒之。"①在很长一段时间内，晋商都能恪守行规，公平交易，奉行诚信经营精神。

5. 讲究人和精神

中华民族长期受中国传统文化的熏陶、影响，讲究人和是礼义人士的不懈追求，明清晋商尤其如此。他们对顾客，以礼相待；对雇员，让股分红；还通过组织商会，进行同行间的业务管理和协调，约束全员，维护本商会的共同利益；同业之间互相帮助，力求同舟共济、利益均沾，业务上很好地分工，避免互相倾轧。晋商商号制度中多有关于和气的要求，强调"各处人位，皆取和衷为贵，在上位者固宜宽容爱护，慎勿偏袒；在下位者亦当体谅自重，不得放肆"②。晋商对雇工的管理也较为宽厚，使雇工能恪尽职守，尽心工作。晋商号规中多有要求职员不得惹是生非的规定。人和精神为晋商的发展营造了内外和气的经营环境，对于晋商的发展壮大起到了极其重要的作用。③

6. 艰苦奋斗精神

晋商先人大多是由小本生意做起的。历史上山西人多地少，山地众多，土地贫瘠，在这样的自然环境中，山西人民养成了与自然抗争、艰苦创业的精神。在明清时期，山西商人的经商风险很大，除了市场因素之外，更有路途艰险、强盗抢掠甚至杀人越货等风险，但晋商具有不怕困难、不怕牺牲的精神，他们艰苦奋斗，前赴后继，创造了晋商的辉煌业绩。

当时走西口是要担很大风险的，有民谣唱道："杀虎口，杀虎口，没有钱财难过口，不是丢钱财，就是刀砍头，过了虎口还心抖。"但是晋商并不因此而退缩，而是从事商贸的人越来越多，势如潮涌。"纵使经商者要栉风沐雨，跋涉万里，常年背井离乡，但当地不少女子并不以'商人重利轻别离'为意，甘愿以身相许而受多年分离之苦。太谷、平遥等地赖商为生者，在许多村庄里近成年男性之半。"④ 这种社会文化环境培育的晋商艰苦奋斗的精神，是晋商优秀传统文化的重要支柱。

① 刘建生，刘鹏生，梁四宝，等. 晋商研究 [M]. 太原：山西人民出版社，2005.

② 大德通. 光绪十四年三月初六日合账重议号规款录：第一次修改章程 [M]//黄鉴晖，等. 山西票号史料. 太原：山西经济出版社，2002.

③ 毛成刚，梁红岩. 浅议明清晋商精神在当代经济生活中的价值 [J]. 山西财经大学学报，2007，29（增刊1）：2.

④ 侯文正. 晋商文化旅游区志 [M]. 太原：山西人民出版社，2005.

晋商在发展初期基本上都能恪守艰苦奋斗的精神，使其在困境中能够顽强拼搏，持续进步。但随着晋商家族财力的增加，时间的推移，内外环境的变迁，晋商的后世子孙们身上逐渐沾染了奢靡浮华的生活作风，而晋商文化的优秀成分则越来越少，消失殆尽，这是清末民初晋商迅速走向衰败的主要原因之一。

从今天的社会文化、经济发展实际分析，晋商精神至少具有三项时代价值：有利于不同利益群体之间的和谐；有利于缓解就业不足的问题；有利于建立诚信制度，规范企业交易行为，建设竞争、有序的市场环境。①

三、晋商商业技术

晋商鼎盛时期，经营范围广，业务内容繁杂，业务量大，必须研究能使业务运转顺畅、加快商品流转、保证少出差错的技术方法，这体现了晋商聪明才智，也是晋商优秀传统文化的重要组成部分。晋商商业技术主要包括珠算应用、会计记账、银币本平、银行密押、票据交易、转账结算、社会信约公覆制度等。

晋商对这些商业技术都有较深的研究、严格的规范，对中国商业科技作出了重要的贡献，留下了丰富的文化遗产资源。根据孔祥毅考证，明代山西汾州商人王文素 1524 年撰写成《新集通证古今算学宝鉴》12 册 42 卷。其成果：一是理论价值高，用珠算解决了开方等计算技术；二是通俗易学，释义、解题，并有绘图及算学口诀，有很高的应用价值；三是校正了过去算学著作中的一些错误，处于当时世界领先水平。②

晋商在明末清初创新发展了"龙门账"记账法，促进记账方法向复式记账过渡，发展了记账原理，为现代商业会计奠定了基础。晋商在其商业贸易活动中，最早使用了商业票据和银行票据，而且票据功能各异，种类较为齐全。

---

① 毛成刚，梁红岩. 浅议明清晋商精神在当代经济生活中的价值 [J]. 山西财经大学学报，2007，29（增刊 1）：2.

② 孔祥毅. 晋商文化及其特点 [M] //高增德. 晋商巨擘：晋商·常氏文化学术研讨会论文集. 太原：山西经济出版社，2005.

"中国最早的转账结算制度由晋商首创，当时叫拨兑。"① 明清时期，社会上流通的货币既有金银，又有铜钱，需要有人专门汇兑，晋商从事了这一行业，开设了钱庄。但各地的银子成色不同，形成了官平、市平等千差万别的情况。各大商号使用自己的本平来解决这种差异带来的汇兑问题。晋商使用自己的本平银开设钱庄，经营获利。

晋商经营中存在各种各样的风险。晋商为了减少风险，独创性地运用了多种形式的防伪与密押制度，以保障商业与信用关系的顺利开展和进行，尤以票号最为完善。通过防伪与密押制度，保证了分号间协作的保密性、安全性和可靠性。晋商的防伪技术在当时是首屈一指的，各家票号只使用在山西平遥总号统一印制的汇票，以杜绝假票、伪票冒领款项。汇票的主要特点：首先是纸张为麻纸，上印红绿线，特别使用专用纸，内加水印，不易仿制。水印使用了夹印技术，将特定的字或图案夹印其中，粗看不清楚，光照倒立才能看到。而且各家水印不同，如蔚泰厚票号的汇票水印是"蔚泰厚"三字，日升昌票号的汇票中间有"昌"字水印。其次是专人书写。各分号填写汇票的人，其字迹通报所有其他分号，换人填写须立即通报。各号收到汇票须验明字迹真伪。最后是汇票书写完成后，加盖印鉴。印鉴正中多有人物像，如财神等。

无论汇票还是信件，晋商都使用密押。关于密押，各家票号都是自编，而且为防日久泄露，要不断更改。密押一般用汉字代替，编成一首诗或一副对联，外人看了不知所云，内部人员一看便知。比如，用"谨防假票冒取，勿忘细视书章"12 个字代表一年的 12 个月，用"堪笑世情薄，天道最公平，昧心图自利，阴谋害他人，善恶终有报，到头必分明"30 个字代表一个月中的 30 天；同样，用"生客多察看，斟酌而后行"或"赵氏连城璧，由来天下传"代替"壹贰叁肆伍陆柒捌玖拾"10 个数字，而用"国宝流通"代表"万千百十"4 个数字单位。②

又如，日升昌票号的一种数字密押为"晋、兖、青、徐、杨、荆、豫、梁、雍"，分别代表"一、二、三、四、五、六、七、八、九"。日升昌将总号与分号发的信都编了用五言诗代表的暗号。如总号发往各分号信文次序的暗号是：

① 孔祥毅. 晋商文化及其特点 [M] //高增德. 晋商巨擘：晋商·常氏文化学术研讨会论文集. 太原：山西经济出版社，2005.

② 田玉川. 正说明清第一商帮：晋商 [M]. 北京：中国工人出版社，2007.

无限登高去，苍茫独赋诗。

树多红绚彩，山近碧争奇。

霜气浓添艳，烟痕淡入眉。

林峦开锦画，天地壮才思。

枫径停车处，苔岩扫石时。

在外各分号发信编号的暗号，也都是各 50 个字。有用"言"字旁的，有用"之"字旁的，有用"三点水"的。对于这些歌诀和密押，号内人员必须熟记。①

晋商在经营中非常注重保密工作。据现有资料和相关史料记载，晋商商业技术极具文化性，有很好的教育借鉴价值。晋商商业技术还是一种传统文化艺术现象，有极强的展览、观赏价值，有很好的开发利用前景，能促进人们对传统文化和商业文化的了解与学习。

四、晋商会馆文化

晋商足迹遍天下，所到之处为联谊乡情及开展其他活动，特别是经商活动的方便和需要，在当地建立晋商会馆，形成了独特的会馆文化。

（一）晋商会馆的产生与发展

会馆是同乡人在异地建立的一种社会组织。② 最早的晋商会馆是明中后期山西平遥颜料商建立的颜料会馆，乾隆六年（1741 年）《建修戏台罩棚碑记》称："我行先辈，立业都门，崇祀梅、葛二仙翁，香火攸长，自明代以至国朝，百有余年矣。"乾隆六年上溯百有余年，当为明代万历后期天启初年。又《临襄馆山右馆财神庵三公地重修建筑落成记碑》载："吾乡自前明，即有山右会馆。"乾隆三十二年（1767 年）《重修临汾东馆记》载："临汾为山右平阳首邑，其立馆于京师也，自前明始。"可见晋商至迟在明代中后期已在北京设立会馆了。

入清以后，晋商会馆有了蓬勃发展，大体上前后在京师设会馆 40 处以上，与此同时，在国内名商埠集镇也先后设立了晋商会馆。这些会馆的设立，首先

---

① 张正明，邓泉. 平遥票商号 [M]. 太原：山西教育出版社，1997.

② 李华. 明清以来北京工商会馆碑刻选编 [M]. 北京：文物出版社，1980.

与当地商业、经济的发展和交通有很大关系。以河南南阳社旗镇山陕会馆为例，社旗镇在明代称兴隆店，在清代称赊旗店。原来赊旗店地处汉水交流的唐河上游，潘、赵二水环绕如带，由镇东北与西南流过，后二水合流，向南入唐河，唐河继续南流入湖北襄阳（今襄樊），最终汇入汉水，直通汉口；而北经万城、平顶山，可直达洛阳、开封。于是清代的赊旗店逐渐成为一个四通八达的水陆要冲，为湖南、湖北、江西、福建、安徽、河南、河北、山西、陕西九省通衢，也是北京通往云贵驿道的中间站，从而山陕等省商人纷纷到此建房设店，流寓定居，热闹非凡。粮食、棉花、食盐、布匹、煤炭、竹木、茶叶、桐油、生漆、药材、曲酒等各种物资汇集此镇贸易、储存、转运，此镇形成一个物资贸易中心。当时仅从事南北货物过往成交的过载行就有48家，故有"拉不完的赊旗店，填不满的北舞渡（位于社旗镇东北的一个水运码头）"之说。赊旗店迅速发展为"北走汴洛，南船北马，总集百货"的繁华巨镇。而在赊旗店最活跃、最有势力的商人就是晋商。他们最早来到赊旗店从事茶叶、绸缎、刺绣、木材、食盐、布匹等商品的南北转运，其中茶叶为晋商经营的最大宗商品。清人衷干《茶市杂咏》载："清初茶叶均系西客经营，由江西转河南运销关外。"此处"由江西转河南运销关外"就是指由江西河口（今铅山县）运至河南赊旗店，再由此北运关外。晋商采买福建武夷山或湖南、湖北等地茶叶后，由水陆两路运抵汉口，由汉水至襄阳，转唐河北上达赊旗店，再改陆路，由马匹驮运北上过平顶山、洛阳，渡黄河，入山西，经晋城、长治、祁县，到太原、大同，再经张家口或归化（今呼和浩特），用骆驼，穿越戈壁沙漠，运至库伦（今乌兰巴托）、恰克图进行贸易。赊旗店正是这条茶叶商路上的一个重要中转站。于是，山西商人为了适应贸易的需要，首先在赊旗店创建了晋商会馆。由上可见，晋商会馆在各城镇商埠的建立，是经商活动的需要。

随着经商活动的扩展，晋商会馆又有所发展。据不完全统计，晋商除在京师设立了许多会馆外，又先后在天津，上海，山东聊城、馆陶、东阿、济南，江苏扬州、南京、苏州、盛泽大馆圩、盛泽西杨圩、镇江，湖北汉口、钟祥、当阳、郧西、随州、江陵、公安、沙市，浙江杭州，河南淅川、舞阳、洛阳、开封、赊旗，广东佛山、广州，湖南长沙、湘潭，广西南宁，青海西宁，新疆巴里坤，安徽芜湖、涡阳，辽宁沈阳，重庆，四川成都、灌县（今都江堰），福建福州，内蒙古多伦诺尔等地设有会馆。清代晋商会馆几乎遍布全国各行省、商埠。

晋商会馆的发展不仅表现在大量建立新会馆上，而且表现在会馆宏伟的建筑规模上。如开封的山西会馆，由乾隆年间山西旅汴客商集资兴建。道光时，陕商加入，易名山陕会馆。后来甘肃商又加入，易名山陕甘会馆。该会馆建筑巍峨壮丽，布局严谨，装饰华丽，尤以砖雕、石雕、木雕精美绝伦，堪称"三绝"。会馆前有雕砖砌成的照壁，上嵌"二龙戏珠""八仙过海"，以及人物、山水、花卉、鸟兽等大大小小透空砖雕图画，尤其是一对小巧玲珑的算盘和账簿，显露出会馆浓郁的商业气息。照壁两边有掖门，向右为钟鼓楼。顺甬道北向有牌楼，飞檐相错，斗拱互交。牌楼后有正殿、配殿，均用琉璃瓦覆盖，翠碧辉煌。殿楼内外有浮雕、透雕，造型生动优美，堪称清代雕刻艺术精品。馆内关羽的雕刻比比皆是，如钟楼上有"关公斩蔡阳"木雕，牌楼有"关羽封金""脱离曹营""过五关斩六将"等雕刻。牌楼下部抱鼓石有"狄仁杰登山望母""薛仁贵汾河湾夫妻相会"等雕刻。山西商人把乡土题材融于建筑艺术之中，使人触景生情，亲切异常。洛阳的山陕会馆始建于康熙五十年（1711年）前后，道光时曾修缮。殿宇房间计有"中正殿五间，关圣帝君拜殿五间，殿前牌坊一座，对面舞楼五间，照壁一座，东西门楼四间，配殿东西各三楹，官厅各三间，香火僧住屋四院，山门三间，修廊二十间"。整个建筑面积达1000余平方米。其建筑形式是以中轴线为基准，左右对称，布局严谨，层次分明。殿堂采取台阶式上升的整体建筑结构，为我国传统的宫殿式建筑，集建筑、雕刻、绘画、陶瓷工艺为一体。正殿为九脊单檐，采取半拱挑脊、檐牙高啄、钩心斗角、雕梁画栋、鸟莘翼飞，镇脊兽有飞龙、麒麟、虎、狮、怪兽、马、牛、羊、鸡、狗，造型逼真，栩栩如生。殿顶四角，塑有韩信、庞涓、子都、罗成四将，传说以四将虎威，驱赶妖魔鬼怪。这些人、兽、花卉造型，全为浮雕石刻，铺以绿釉筒瓦，涂以彩色绿釉，屋顶罩泥达尺余。最令人惊叹的是檐下木雕，亭台楼阁、禽兽花卉、龙凤呈祥、麒麟送子等，上百件木雕，各有特色，精细之极。琉璃照壁为会馆中一绝，洛阳人称其为九龙壁，实为一座多彩釉陶和雕砖相结合垒砌而成的群体造型。照壁主体高7米，宽13.2米，基座高5米，其中心为二龙戏珠，八仙卫护，整个照壁自上至下有各种形态的龙23条。基座上精美砖雕13幅，有人物、花卉、禽兽。在会馆正中院内，屹立着一对雄伟的石狮，狮身高2.2米，基座高1.2米，雄狮掌下玩一绣球，雌狮掌下抚一幼狮，二狮对视，引人入胜，基座四周，亦刻有各种动物，更烘托出狮兽中之王、一呼百应、一行百从之威武神态。洛阳的潞泽会馆，为乾隆九年（1744年）山西潞安府（今长治）和泽州府（今晋城）商人捐资而建。其馆舍重楼飞檐，气势宏伟。院内两对石狮，姿态威武，栩栩如生。南阳地区赊旗镇的山陕会馆，始建于乾隆二十一年（1756年），会馆占地5467平方米。会馆兴建过程中，"运巨材于楚北，访名匠于天下"，烧制琉璃瓦的瓷土，用骡马从山西驮来。整个建筑分前、中、后三个院落，位于中轴线上的建筑有照壁、悬鉴楼、石碑坊、大拜殿，两侧有铁旗杆、石狮、辕门、马厩、钟楼、鼓楼、厢房、药王殿、马王殿、配殿、道坊院等。最先看到的是最南端的琉璃照壁，门仿照北京九龙壁建造，高20米，宽13米，照壁全部用彩釉陶瓷砌成，远看色彩炫目，金翠垂辉，近看金龙吐佩，玉凤衔接，二龙戏珠，鱼跳龙门。上有金阙银鸾，下有琼花玉萼。正中横书"义冠古今"，光彩夺目。两侧对联为"经壁辉煌媲美富，羹墙瞻仰对英灵"；"浩气已吞吴并魏，麻光常荫晋与秦"。与琉璃照壁浑然一体的会馆前院，竖有铁木旗杆各一：木旗杆毁于战火，石座尚存；铁旗杆凌空而起，高达25米，重5万余斤，上置铁铸仙鹤欲展翅高翔，下有巨龙盘绕，栩栩如生。两侧东西辕门，底层为出入会馆通道，上层有城垛建筑，可攻可守，带有城堡特色。从琉璃照壁北行，就是气势磅礴的悬鉴楼，也称戏楼，高30米，东西宽18米，分上、中、下三层，檐飞对拱，层层叠叠，环楼上下都有石雕木刻，雕工精细，生动逼真。在雄伟中见玲珑剔透，给人以巧夺天工的感受。楼后朝北是戏台，由三根大方石柱把巨大的三层戏楼凌空擎起。与悬鉴楼左右陪衬的建筑物是钟鼓二楼。钟楼在东侧悬大钟一鼎，钟高5尺，重2000余斤，鸣时十里有声，人称"聚将钟"，亦称金钟报晓。鼓楼在西侧，悬大鼓一面，相传大鼓一击，山摇地动，人称"助威鼓"。钟鼓两楼皆是两层起架，八角腾空，各用16根木柱支撑，顶盖琉璃，闪闪发光。登高远眺，令人赏心悦目，流连忘返。沿悬鉴楼北行，跨过在殿前三米高月台上的三座石牌坊，便是大拜殿，此为全馆主体建筑，由大殿和拜殿两部分组成。殿高34米，东西宽23米，南北长40米，庄严华丽，富丽堂皇。殿内雕梁画栋，30多块匾额金光闪闪，熠熠生辉，名人书法刻于壁间，争相媲美。堂殿檐下大型彩色木雕，展示了《西游记》《封神演义》等历史故事和传说的图案，人物千姿百态，栩栩如生。殿门左右置有《十八学士朝瀛洲》《渔樵耕读》两座巨型石雕，花果繁茂，亭台流水，学仕赶渡，渔樵忙碌，形态生动，神情逼真。大拜殿两侧各有一座配殿：东侧名药王殿，奉祀唐代医学家孙思邈；西侧为马王殿，反映了商人对交通运输的重视。大拜殿后为春秋楼，楼高

36米，南北长39米，东西宽28米，巍然挺立，威武壮观。苏州的全晋会馆，始建于乾隆四十一年（1776年），前厅两侧各有一座专为迎客奏乐而建的亭阁式吹鼓楼，楼内各塑六尊吹鼓手，各持乐器，似有阵阵鼓乐从楼中飘出回荡。明式戏台是会馆建筑精华所在，戏台高出地面2米许，三面临空，飞檐高翘，戏台顶部采用半球形内旋式穹窿顶，在米红色的底壁上有324只黑色蝙蝠和306颗金黄式云头，由下向上斜行成列，相依相绕18圈，最终汇集到顶部的紫铜镜上。其建筑不仅十分精美，而且运用声学原理起到聚音作用。

多伦诺尔位于内蒙古高原南端，今属锡林郭勒盟管辖，是内蒙古通向河北、山西的交通要冲，也是旅蒙晋商活动较早的地方。这里不仅是牧畜及皮毛集散地，而且盛产木材、鱼、碱等。乾隆十年（1745年），旅蒙晋商在此修建了山西会馆（原名关帝庙）。会馆总面积5200余平方米，院分三进，大殿四座，附跨殿六座，还有牌楼、山门、配门、戏台、钟鼓楼、神象殿等建筑物共计95间房屋。正门俗称“过马殿”，两头石雕雄狮矗立，东西各配有碑房一间。穿过正门为大戏台，戏台前两根圆柱雕刻彩画奇丽。戏台对面为两座过殿，过殿两侧配有对称长廊。穿过过殿为正殿，内塑关羽手捋胡须像，左周仓横刀，右关平持剑。会馆两侧分别有跨院三进，房舍供和尚居住。院内假山池沼、小榭凉亭映在花木丛中，两座钟鼓楼，小巧玲珑，环境甚是幽静。①

晋商会馆的发展，还表现在严格的管理制度上。晋商会馆大多有值班制度（以年为单位），他们轮流换班，协力举善，不徇私情。又设有司事、住持、夫役及香工等管理会馆事务。据《汉口山陕会馆志》载，会馆管理条规有13条，其内容主要有：

① 所有收支账簿、房屋、家具、菜园、地基、应用人役，总归值年经营差委。

② 会馆宜保持清洁卫生，平素日期不准闲人入内游览。

③ 不准外帮借馆演戏，如有徇情私借情事，从重议罚。

④ 馆内灯彩家具一概不准出借，如违者议罚。

⑤ 晚间十点锁门，如遇宴会灯戏十二点为止，除水龙数患外不得任意启闭出入，如违者立驱出馆。

⑥ 会馆重地灯火最宜小心，嗣后我各帮字号如遇在馆做会演戏，客

① 李华. 明清以来北京工商会馆碑刻选编［M］. 北京：文物出版社，1980.

散戏终主人务将庙院戏台一应灯烛亲查熄灭始准回号以昭慎重，如违议罚。

⑦ 馆内不论粗细货物，概不准在内晾晒，以昭肃敬。

⑧ 本馆司事、住持人等内不准留客过宿，在外不准支取银钱货物，自议之后倘私留客宿私赊货物一经发觉，逐出会馆，决不宽贷。

⑨ 水龙有备无患，倘有不测，一时出馆夫投人等酒资一切照章施行。

⑩ 供奉香火、长年神灯，乃住持应办之事，俟后逐日长香，务要敬谨供奉，每逢会期奉香献酒，自必住持侍奉，年节三天，僧人间有贪闲假手他人，殊属不恭，自议之后，住持二人轮流执香在殿侍候以昭诚敬。

⑪ 凡选用馆丁务要小心谨慎，能干办事者充之，不得轻举滥进。馆之内外门巷每日打扫洁净，馆之财产房屋务听值年者调拨，催取租息不致稍懈。馆内不许容留闲人饮酒戏耍，致生事端。馆外街巷不许摆摊赌博。馆役不得徇私隐瞒不报。如敢不守馆规，徇私偷懒，即行斥革。

⑫ 大会值年，从前十帮轮流，每年二号会办。今增汇业，每年四号。以祀产渐增，馆务綦繁。每年以四月初八日揭清所存银两，一切祭器祭物文契公文下首务期明悉周详册延。

⑬ 招僧住持原为供奉香火，每日长香神灯，务要敬谨供奉，殿宇香案每日打扫，会期朔望倍加诚敬洒扫洁净在殿伺候，以便士商恭谒，平日不得随便出外游玩。

（二）晋商会馆的功能

1. 联络乡谊之地

晋商会馆的一些碑刻，记载有设立会馆之目的。如在北京的山西临襄会馆，康熙五十七年（1718 年）《修建临襄会馆碑记》称："会馆之立，所以联乡情，笃友谊也。朋友居五伦之一，四海之内，以义相投，皆为兄弟。然籍同里井者，其情较洽。籍同里井，而于他乡遇之则尤洽。"北京的山西浮山会馆《重修浮山会馆碑》载："建祠立馆，固由前人之缔造，而兴废补缺，尤赖后人之经营，天下事大抵然也。京师为人文荟萃之地，商贾辐辏之区，不设公所，则观光贸易者，行旅甫至，不免有宿栈假馆之繁，即仕宦坐商，欲会同而联乡谊，亦未免参商卯酉矣，此会馆之设所由来也。"北京的山西临汾会馆《重修临汾会馆碑记》载："北京为首善之区，商旅辐辏之地。会馆之设由来久矣。揆前人创造之初心，非仅为祀神宴会之所，实以敦睦谊，联感情，本互相而谋福利，法意良美，至是多也。"① 可见会馆是"联乡情于异地""叙桑梓之乐"的同乡人活动场所。

2. 会聚公议之地

会馆是明清晋商"叙语之地，正可坐论一堂以谋商业之公益"。北京的《临襄会馆碑记》称："燕都自古即为天下重镇，迄元明清三代继续为京师，四方人士皆归焉。而各省经商者亦皆基本于此，历年既久，遂各筹同乡会聚公议之地。"北京的《河东会馆碑记》称："在京同人远近咸集，拜祷之余，继以燕会。"② 会馆是异地同乡商人会聚公议之地，所议内容包括商务、行规、会馆事务、祭祖演戏等。

3. 公议行规之地

会馆是公议行规监督执行场所。如河南舞阳北舞渡晋商杂货行于乾隆五十年（1785 年）公议杂货行规并在会馆正碑为记。兹将行规摘录部分如下：

买货不得论堆，必要逐宗过秤，违者罚银五十两。

不得合外分伙计，如违者罚银五十两。

不得沿路会客，如违者罚银五十两。

落下货本月内不得跌价，违者罚银五十两。

不得在门外拦路会客，任客投至，如违者罚银五十两。

不得假冒名姓留客，如违者罚银五十两。

结账不得私让分文，如违者罚银五十两。

不得在人家店内勾引客买货，如违者罚银五十两。

不得在栈房门口树立招牌，只写某店栈房，如违者罚银五十两。

每年正月十五日演戏各家俱有齐备，如有违者不许开行。

有新开行者，必先打出官银五十两到店吃饭，俱要饭钱。

大清乾隆五十年岁次乙巳九月十七日

阎镇杂货行同立

道光八年（1828 年）在北京的颜料会馆制定行规称："前因行中往来交

---

① 李华. 明清以来北京工商会馆碑刻选编 [M]. 北京：文物出版社，1980.
② 同①.

易，秤砝之说，多有扰古。因此公立行秤四杆，俱以交准，彼时来置银砝。后来人心屡有不顾，因而公议，新置银砝四块，每块重五十两分，派四城公用。日后行中交易，银价俱以新置银公砝直兑，决无异说。今因行中前有旧规，相油一事议定。外来之油，诚献行庙香资钱三钱，以备神前供用。立规之后，大家悦均。近来人心狡猾，广有买卖之油，不以实数报行。倘有无耻之辈，不遵行规，缺价少卖，隐藏篓数，异日诸号查出，甘心受罚，神前献戏一台，酒席全备，不得异说。如若不允，改以狡猾，自有合行公论。倘然稽查不出，愧心乱规，神灵监察不佑。警之，戒之。"

4. 祭祀神灵之地

在会馆内供奉崇拜或信仰的神灵。定期祭祀是会馆的重要活动内容之一。许多会馆是在神灵庙殿基础上发展起来的。如北京的山西颜料会馆最先为关圣，玄坛，财神，真武大帝，葛、梅二仙庙宇，后来扩展为会馆。洛阳的潞泽会馆，最初为关帝庙。南京的山西会馆，先是乾隆年间把颜料坊的关帝庙作为办公地址，后购买附近民房予以扩大，最后成为山西会馆。晋商会馆祭祀之神灵最普遍的是关羽，因关羽是山西人，以义行天下，最受乡人崇敬，所以成为晋商的精神偶像。

各位神祇殿宇，均修建得十分宏伟，并悬挂有众商号送的牌匾和对联。下面是汉口山陕会馆中部分神殿对联：

关圣帝：麟经炳千秋浩气弥纶江汉仕商钦宝训
　　　　鹤楼高万尺名区辉映晋秦桑梓肃明烟

魁星楼：东郊紫气冲霄汉
　　　　北阙文光射斗牛

财神殿：开财之源节财之流悉赖神功为主宰
　　　　爵以驭贵禄以驭富多由明德荐馨香

天后宫：圣德齐天颂来五简金函功操海宇
　　　　母仪称后睹此波恬浪静福惠苍生

七圣殿：沐阴麻异域皆歌仁且寿
　　　　隆祭典乡关永笃晋与秦

文昌殿：一十七世现身说法统智愚贤否悉皈化育
　　　　万千百年司禄兴文普山陬海噬咸沐灵光

吕祖阁：点石得先生黄金铺地

飞身来上界宝剑横秋

泰山庙：体大物博祖阳气之发东方

云行雨施不崇朝而通天下

地藏庵：锡杖用当年地狱内超升不少

金仙成此日藏府中显应无边

5. 聚岁演戏及各种庆典活动的场所

晋商会馆作为同乡人的组织，凡逢年过节时同乡人常常在会馆欢聚一堂，聚酬演戏。有时在商业活动取得重大胜利时，也举办酬神和演戏的活动。凡山西会馆多建有戏台。汉口山陕会馆内就建有正殿、财神殿、七圣殿、文昌殿四座戏台。河南洛阳的山陕会馆戏台建于清乾隆年间，戏台高25米，下面两侧为出入通道，屋顶为双层歇山斗拱，台宽15米，深6米，戏剧广场宽20米，长35米，可容数千人台下看戏。每逢节日喜庆，会馆礼聘山西梆子戏班来此演戏，锣鼓齐鸣，招来众多观众免费看戏。河南南阳社旗山陕会馆，悬鉴楼戏台极为壮观。明末清初书画家傅山手书《悬鉴楼》匾额挂在戏台正中，戏台分三层，台高5尺，宽12米，中间有石柱支撑，台顶有双层四座大出檐。后翘屋角的单檐歇山式屋顶，最高处有25米。中间广场可容千人看剧，两侧厢楼以木柱隔成50间厢房，设有500个席位。整个戏台雄伟宏大，前后营建自嘉庆元年（1796年）到道光元年（1821年），用了25年时间。日本学者仁井田升在20世纪40年代曾对北京工商会馆进行调查，其所著《北京工商行会》中记述了山西临襄会馆三月十五日油盐合行春季聚岁演戏节目单。

6. 维护同乡或同行商人的利益

山西在北京建有河东烟行会馆，乾隆时由于"易州烟庄牙侩为奸，行中不通交易者几乎经年"①。后来依靠会馆力量与牙行交涉"卒获胜利"。山西在北京营销桐油的商人，则通过会馆借官府之力限制了牙行的勒索，于是在山西颜料会馆立碑为记。洛阳潞泽会馆的《老税数目志碑》则记载了嘉庆十九年（1814年）潞泽会馆以商团名义向当地税收部门交涉减少梭布税收的事情，此案历时一年，潞泽商人胜诉。又有晋商在京开设纸张颜料、干果、烟行各号等，风敦乡谊，共守成规。光绪八年（1882年）十二月，有牙行六吉、六合、广豫三店，突兴讹赖之举，凡各行由津办买运京之货，每件欲打用银二钱。众

---

① 李华. 明清以来北京工商会馆碑刻选编［M］. 北京：文物出版社，1980.

行未依，即在宛平县将晋商纸行星记、洪吉、源吉、敬记四号先行控告。光绪九年（1883年）四月，有晋商干果行之永顺义、颜料行之全升李、烟行之德泰厚等，在大兴县将牙行呈控。五月内，经大、宛两公会讯断结，谕令纸张众行等各守旧章，并不准牙行妄生枝节，须颁发告示，各持为凭。"自今以往，倘牙行再生事端，或崇文门税务另行讹诈，除私事不理外，凡涉同行公事，一行出首，众行俱宜帮助资力，不可藉端推诿，致失和气。使相友相助，不起半点之风波。同泽同胞，永固万年之生业。"① 可见，会馆在维护同乡或同行商人利益上，发挥了一定作用。

7. 帮助同乡的慈善机构

山西人在外经商者多，当时交通落后，邮递不畅，在外闯荡，并不一定都能达到预想目的，因各种灾难而客死者不少，会馆为客死他乡的山西人提供一个埋葬之地，建立义冢需要购买地亩，修建围墙、院落等建筑，费用主要来自晋商的募捐。当乡人在外发生疾病，会馆也相倾体恤，提供药物等，对年老失去工作能力者会馆予以救济，对穷儒寒士也提供方便。

8. 会馆内设市

据《山西临襄会馆为油市成立始末缘由专事记载碑记》载："油市之设，创自前明。后于清康熙年间，移至临襄会馆，迄今已数百年。该馆极宽敞，可容数百人，最宜建为商市。然实因管理得人，苦心筹划，力为布置，用多数之金钱，成宽阔之地基，使同行无不称便，实为吾油市之幸。"②

（三）晋商会馆的性质

晋商会馆是在异地晋籍商人的社会组织。晋商会馆均由在异地的晋籍商人共议后自筹经费建立。如在北京的山西盂县会馆，是该县经营氆氇商人共议建立的组织。氆氇是藏族民间手工制作的一种羊毛织品，可做衣服、坐垫、挂毡、地毡等。经同人共议，定出共建会馆集资办法，即每售一匹氆氇交一锭银子，经过九年的积累，到嘉庆二年（1797年）终于购置一处民房，经修葺成为最初的盂县会馆。汉口的山陕会馆，最初为关帝庙，始于顺治年间。康熙二十二年（1683年），在关帝庙的基础上正式创立了山陕会馆。咸丰时因遭兵燹毁坏，同治九年（1870年）重修。其费用完全由商人自行筹集。据该会馆志

① 李华. 明清以来北京工商会馆碑刻选编［M］. 北京：文物出版社，1980.

② 同①.

记载，修建费用经大众议定，两省字号在汉口作贸易者及过往之货物，均按货平允抽资，具体规定是：

水烟每箱抽厘4分，过载2分。

红花每包抽厘3钱，过载减半。

棉花每包抽厘5分，过载减半。

川丝每包抽厘4钱，过载减半。

白蜡每支抽厘3钱，过载减半。

杂货每价1两抽厘3厘，过载减半。

药材每价1两抽厘3厘，过载减半。

木菜茶桐油每价1两抽厘3厘，过载减半。

各货未经载明者每价1两抽厘3厘，过载减半。

陆陈每价1两抽厘3厘，过载减半。

汇兑银票不论收交何庄出得汇费每千两抽厘2钱。

放银账者每千两挨期抽厘1两，活期抽银2两。

红茶每箱抽捐5分。

三九砖茶每箱抽捐1分8厘。

三六砖茶每箱抽捐1分2厘。

二七砖茶每箱抽捐1分2厘。

半斤砖茶每箱抽捐1分2厘。

贡尖茶每包抽捐2分5厘。

千两茶每卷抽捐1分2厘。

百两茶每包抽捐1分2厘。

半斤贡尖茶每包抽捐1分2厘。

合茶每串抽捐2厘2毫。

皮包茶每包抽捐2分2厘。

洋庄茶每大箱抽捐5分，小箱抽捐3分。

以上集资，经25年共达27万余两，使修缮工程终于在光绪二十一年（1895年）竣工。

建立会馆必须向官府申请立案，体现了会馆对封建政府的依附性。

会馆参与地方社会事务的管理，体现了商人与官府的相互依存关系。

政府对会馆纠纷予以调解，如承认会馆财产等，以维护会馆利益。

由上可见，晋商会馆是在中国传统社会变迁中既保存旧的传统又容纳社会变迁，含有行业性质的商人社会组织。

（四）晋商会馆的社会价值

1. 体现与传播了地域文化

晋商会馆的建立使三晋地域文化得以与其他地域文化进行交流，产生一种新的地域文化。例如，琉璃瓦是山西的传统产品，山西的一些庙宇建筑物中经常使用这种琉璃瓦，形成了独特的建筑风格，而在河南的山陕会馆建筑物正殿、配殿均使用这种琉璃瓦来覆盖屋顶，使这一会馆的建筑同时具有晋、豫两种风格。在晋商会馆中多建有戏台，逢时过节均要在此演出晋商的家乡戏剧，这种活动不仅对当地戏剧文化产生了一定影响，而且使山西戏剧得以吸取异地戏剧文化，这种交流促进了两地戏剧文化的发展。晋商会馆均崇奉和祭祀关羽，在晋商会馆的影响下，其他省的会馆也逐渐崇奉关羽，从而推动了相关文化的发展。另外，山西盛产汾酒，其制作技术好，历史悠久，汾酒是晋商会馆中聚餐宴席必备之酒，汾酒的制作技术也随之传到异地，在山东、甘肃、东北等地，多有晋人仿汾酒用高粱、豆、米为原料制酒，称为烧锅。西宁府以青稞酿造之烧酒，即晋商传以山西杏花村汾酒酿造技术所制，该地烧酒远近闻名。相传著名的贵州茅台酒也是清代晋商经商于茅台镇，依汾酒制法而兴。可见由于晋商及晋商会馆在异地对山西制酒技术的传播，产生了新的酒文化。

2. 会馆推动了商人在彼此交流中走向融合

如晋商与陕商，他们共同在各商埠建立了许多山陕会馆，形成了山陕商联盟，被人们统称"两商"。有时还有别的地方商人加入山陕联盟，如开封的山陕会馆在光绪年间又有甘肃商人加入，最后形成山陕甘会馆。在四川灌县，先后有山陕、湖广、广东、四川、贵州、江西、福建七座会馆，这些会馆之间经常进行交流、协调，在一些活动中配合行动，人们把上述会馆统称"七省会馆"。重庆的八省会馆有山西、陕西、广东、浙江、福建、湖广、江西、江南，后来八省会馆共举年首，协调八省会馆之间的关系并订立了协议，其内容主要是：共同确定与修改帮规；各帮新提议，须经八省年首同意；帮会内发生争执，应由各省会馆内年首协调解决。可见会馆在某种程度上促使各帮商人在彼此交流中走向融合。

第四章　山西省企业发展状况、
存在问题及成因

　　企业是山西省经济社会发展的微观基础，是山西实现工业化、城镇化、信息化与农业现代化的驱动组织。改革开放 40 多年来，山西省企业发展取得了重大成就，但与沿海省市相比，山西省企业发展尚存在较大差距。

❀ 第一节　山西省企业发展状况

　　截至 2021 年 11 月，山西省有企业 303.9 万家，其中批发和零售企业最多，超过 154 万家，前五大行业中还有住宿与餐饮业、居民服务业、农林牧渔业、租赁和商务服务业。五大行业企业总数约 240 万家，占现存企业总数的 79%。从注册资本上看，山西省注册资本 100 万元以内的企业有 237 万家，占比约 78%，注册资本在 100 万~500 万元的企业约有 40 万家，占比约 13%。在所有存续在业的企业中，67.05% 是个体工商户。现存各级市场上市企业 879 家，"新四板"与"新三板"上市企业占绝大多数，占比约 94.88%，A 股上市企业 30 家，著名企业包括山西汾酒、太原重工、大秦铁路等。从县域经济来看，越是县市基层，中小企业比重越大，贡献越大。由全国工商联主办的 2020 中国民营企业 500 强峰会发布了《2020 中国民营企业 500 强调研分析报告》及"2020 中国民营企业 500 强"榜单。山西入围的民营企业有 7 家，营收占比为 0.6%。山西入围的 7 家民营企业分别为山西晋南钢铁集团有限公司（277 名，335 亿元）、山西潞宝集团（280 名，331 亿元）、山西建邦集团有限公司（339 名，277 亿元）、山西晋城钢铁控股集团有限公司（444 名，229 亿元）、孝义鹏飞实业有限公司（475 名，213 亿元）、大运九州集团有限公司（483 名，210 亿元）、山西安泰控股集团有限公司（496 名，202 亿元）。从产业结构看，山西入围的 7 家民营企业分别为黑色金属冶炼和压延加工业、精细化工、钢铁、煤炭、批发、汽车制造业等，体现了山西以能源原材料和劳动密集型产业为主的特点。受资源禀赋、产业基础和经济发展水平等诸多因素的影响，山西省企业地域分布不均衡。从数量分布看，山西企业主要集中在中部、东南部地区，太原、运城、晋中、临汾、吕梁等市企业数量多，经济总量大，是山西企业发展非常活跃的地区。截至 2021 年 11 月，太原市有企业 627324 家，运城市有企业 422338 家，晋中市有企业 300868 家，临汾市有企业 291206 家，吕梁市有企业 279466 家，长治市有企业 251349 家。从"2020 山西省民营企业 100 强"榜单来看，有 17 家企业属于晋中市，入围数量位居第一；有 16 家企业属于长治市，入围数量排行第二；剩余企业分布在吕梁市（14 家）、运城市（14 家）、太原市（13 家）、临汾市（11 家）等 11 个地区。

山西省近年来实施了"三个一批"企业人才素质提升星火工程，每年组织一批领军企业家、一批高级管理人才和一批工匠型专业人才参加企业人才素质提升培训。2018 年先后组织举办清华大学 100 名企业董事长研修班、北京大学 100 名"专精特新"企业董事长专题研修班、浙江大学中小企业脱贫攻坚专题研修班。继 2018 年组织企业家首次去以色列境外培训后，2019 年又组织 24 名企业家赴德国开展培训。连续举办 6 期中小企业大讲堂，累计培训企业经营管理人员近 2000 人。山西省形成了多层次、广覆盖的企业公益性人才培训体系，打造了一批懂经营、善管理、能创新的优秀企业家队伍，企业经营管理人员整体素质逐步提升。面对复杂的经济形势，针对企业发展出现的新情况新问题，山西省先后出台了一系列扶持政策，优化了企业的发展环境。近年来先后出台《关于支持民营经济发展的若干意见》《关于进一步促进中小微企业创业创新转型发展的若干措施》《关于进一步促进小微工业企业上规升级的意见》等政策文件。全省促进企业发展的政策措施进一步完善。2020 年 7 月，《山西省促进中小企业发展条例》由山西省第十三届人民代表大会常务委员会第十九次会议通过，自 2020 年 10 月 1 日起施行。2016—2018 年山西累计开发"助保贷""云税贷""聚力贷""云电贷"等 40 余种融资产品，解决企业融资需求。山西省深化了政银企保合作，建立了企业客户推介机制，累计向金融机构推介客户 4000 余户，达成贷款合作意向 1000 多亿元。省市县三级累计安排财政奖补资金 16.55 亿元，撬动银行为 3398 户中小企业提供贷款 194 亿元，放大倍数达到 11.7 倍，财政资金的杠杆效应显现。大力开展银税合作，持续推进"银税合作""银商合作"，实现"以信换贷"。山西通过举办"创享行"

双创创业沙龙活动，"创客中国"山西省创新创业大赛，支持省内优质实体经济开发区打造创新创业特色载体，实施双创基地梯次培育计划等形式组织开展双创活动。2018年，长治市城区搭建"双创"平台，创新双创模式的做法受到国务院的通报表扬。截至2024年2月，全省双创示范县已实现市域全覆盖。培育了国家级双创示范基地8家，双创示范基地34家，双创基地157家，取得了明显的经济效益和社会效益。此外，山西省还通过加强整体规划，组织专项服务，注重梯次培育，坚持不懈地培育专精特新企业。2019年，首次认定省级专精特新"小巨人"企业26户。山西加强平台服务，构建起"1+11+24"（1个省级枢纽平台、11个市级综合服务窗口平台、24个产业服务窗口平台）平台网络体系。2019年，省级枢纽平台注册各类中介服务机构1593家，注册企业68494家，发布服务项目2021项，组织服务活动2159次，有力支持了企业发展。通过有效整合服务资源，筛选确定了47家双创服务机构、高校科研机构、行业协会、省级双创基地、中小企业组成山西省企业创业创新服务联盟，为企业提供线下实体服务。同时山西省加强对外服务，着力开拓市场空间。2019年共组织200多户优秀企业参加中博会、津洽会、中部六省博览会、厦洽会等展览展会，246家民营企业参加第二届进博会，204家中小企业参加2019年山西品牌丝路行和山西品牌中华行，帮助企业"走出去"开拓市场，进行产品推介，开展合作交流。尽管近年来山西省支持企业发展的政策力度逐渐加大，发展软环境逐渐宽松，但仍存在一些问题，阻碍了企业的发展。例如，一些行政管理部门思想观念仍然非常保守，仍延续以往的官僚衙门作风，办事效率较低，还存在人为设置阻碍情况等。因此，山西省企业的发展还需要各方共同努力，改善营商环境。

山西省企业所有制结构呈现多样化态势，包括国有企业、集体企业、私营企业、股份制企业、联营企业、外商投资企业。改革开放以来，山西省企业数量扩张较快，但是质量不高。这种快速数量扩张的直接结果是产生一种经济惯性，导致经济结构不合理、产业层次低、市场过度竞争、企业布局雷同、经营管理粗放、技术创新能力薄弱、资源利用效率低等一系列问题，从而使企业抗风险能力降低，难以适应迅速变化的市场环境。因此，当1997年出现国内市场由短缺向适度过剩转变，东南亚金融危机爆发，国家产业政策调整时，山西出现了大量企业关闭的现象。而在国内外经济持续低迷，对煤炭、钢铁需求减少的情况下，山西大部分从事传统煤焦铁行业的工业企业经营困难，亏损、停产企业进一步增多。改革开放以来，山西 11 个地级市的企业数量以及对经济的贡献都有所提高，但由于资源禀赋与经济基础不同，地域之间发展差异较大。整体上看，中部、东南部地区（如太原、长治等）发展较快，西南部地区（如临汾等）发展较慢。老工业基地（如大同、阳泉等）发展较慢，缺乏新的经济增长点，而新兴城市（如孝义、朔州等）具有后发优势，多种经济形式快速发展，后劲强大。

山西是矿产资源大省，在世界上已利用的 150 多种矿产中，山西已发现矿产 117 种（金属矿产 28 种，非金属矿产 82 种，能源矿产 4 种，水气矿产 3 种），储量居全国前 10 位的矿产有 33 种，其中煤、铝土矿、镓矿、耐火黏土、沸石及建筑石料用灰岩等矿产居全国首位。煤炭是山西最大的优势矿产资源，全省 118 个县（市、区）中就有 94 个县（市、区）分布有煤炭资源，已探明的储量大都集中在大同、宁武、西山、沁水、霍西与河东六个大型煤田和浑源、五台、垣曲、平陆、繁峙等几个小的煤产地。在这些地方，除了大型国有煤炭集团外，还兴办了诸多中小煤矿，但在 2005 年的煤炭资源整合与 2009 年的全省煤矿兼并重组中，全省关闭了 1600 多家 9 万吨以下的小煤矿，办矿主体由 2000 多家减少为 140 家左右。此外，山西的企业中还有依靠煤炭资源兴办的火力发电厂，依靠铝土矿、铁钒土、铜矿、金矿、硫铁矿、石膏、芒硝镁盐、耐火黏土、水泥用灰岩、电石用灰岩、熔剂用灰岩、硅石等创办的众多采掘加工企业、耐火材料和水泥等建材企业、太阳能电池及煤层气等清洁能源新兴企业。除煤炭、电力外，山西还具有冶金、铸造、锻造、炼焦、化工、陶瓷等传统优势产业。冶炼、铸造在山西有 2000 多年的历史，特别是晋城的阳城、阳泉的平定、吕梁的交城和临汾等地铸造业历史悠久，人们凭借当地劳动力成本优势和煤焦、电力、铝矾土、生铁等储量丰富的资源优势，在晋城、临汾、运城、晋中、交城、清徐、大同、阳泉、忻州等地兴办了许多铸造企业，其中晋城高平的泫氏铸管、运城河津的三联铸造、临汾的华翔铸造都是龙头企业。此外，在交城、平遥还形成了拥有上百户企业的铸造产业集群。1999 年，定襄被誉为"中国锻造之乡"，现已形成包括 700 多家锻造企业在内的法兰产业集群，成为世界最大的法兰出口基地和亚洲最大的法兰生产基地。山西还是全国的钢铁、铝和镁工业冶炼、焦化基地，形成了诸多企业和产业集群，包括钢铁焦化企业、新型煤化工企业、以闻喜金属镁产业集群为代表的金属镁深加工企业、拥有 100 多家企业的太谷玛钢产业集群、依托高岭土资源和传统陶瓷制造产业的阳城陶瓷产业集群以及怀仁陶瓷产业集群等。依托原国有大企业及军工企业的人才技术优势,山西装备制造业也得到了长足发展,现已成为山西的优势产业。例如,依托原国有榆次经纬纺机厂,山西省创办了众多纺机企业,形成了拥有 200 余户企业的榆次纺机产业集群,其中,"鸿基""沪晋""贝斯特""福晋"等品牌的纺纱机械、织造机械、精梳成套机械、化纤纺丝机械、棉纺细纱机和高档精梳机等已达到国际领先水平,形成了较强的竞争优势。此外,还有依托太钢集团形成的拥有 70 余家企业的太原不锈钢加工产业集群,依托各大煤矿形成的煤机制造企业、皮带机加工产业集群、液压产业集群,依托山西重型汽车零部件基础形成的运城、侯马、大同、长治等地的汽车零部件制造产业集群。山西还有依托农业、畜牧业资源兴办的企业。具体包括新绛、长子等地的蔬菜种植专业合作社与蔬菜加工企业;以高平厦普赛尔食品饮料有限公司、大寨核桃露、晋城谷宜生为代表的食品饮料制造企业;以古城乳业集团为代表的山阴乳品加工产业集群;以汉波食品股份有限公司为代表的山西特色农产品加工企业,例如红枣、核桃、山楂、小杂粮等食品加工企业;以粟海集团有限公司、天鹏集团有限公司等为代表的集种、养、宰、销、冷链物流、连锁直销、熟食制品和社会服务于一体的农牧企业;以山西特色中药材(如党参、黄芪等)为原料的中药制造企业,例如运城的亚宝药业集团股份有限公司、长治的振东集团有限公司、新绛的康庄药业等;以玉米等为原料的饲料加工企业等;依靠植桑养蚕、种植苎麻和棉花获得原料的纺织服装企业,例如国家"东桑西移"工程龙头企业之一的高平吉利尔丝绸股份有限公司等。山西民间手工艺底蕴丰厚,素有"古代东方艺术博物馆"之称。有依托各地特色食品形成的副食品加工企业,例如,山西酿造酒与醋始于商周时期,北齐时汾阳杏花村汾酒已成为贡品,清朝时创造了著名的老陈醋。凭借此传统工艺,晋中、吕梁、太原、临汾、永济等地创办了制醋、酿酒企业,形成了以东湖醋业、紫林醋业为代表的清徐醋产业集群,以太谷怡园葡萄酒为代表的酿酒企业。还有平遥牛肉、绛州牛肉、定襄蒸肉、临汾和侯马的酱菜、六味斋酱肉、双合成糕点等特色副食品。此外,长治等地的粗布纺织、堆锦,黎城、运城、山阴等地的刺绣,交城等地的皮革和毛皮及其制品,新绛的家具制造、木版年画、澄泥砚和大理石雕塑、雕刻,平遥的漆器,祁县的人工吹制玻璃器皿,永济、新绛的造纸,各地的剪纸、面塑等,也蓬勃发展。山西三面环山,一面临水,素有"表里山河"之称。自然景观秀美独特,悠久而开放的古代文明又为山西留下了蜚声海内外的人文旅游资源。依托这些资源，山西旅游产业发展迅猛，随之产生了包括旅游酒店、旅行社、旅游交通以及旅游景区服务等在内的旅游企业。随着经济的发展和城市规模的不断扩大，房地产、建筑、批发零售、商贸物流仓储、交通运输邮政、文化体育教育以及社会服务等行业类别的企业不断兴起。2000年以后，随着科学技术的发展与进步，生物制药、电子通信、计算机技术等新兴产业和企业不断发展壮大。山西省的工业企业主要是依托当地资源、传统特色产业优势以及大型国有企业创办与发展起来的，具有资源依赖性强、与大型国有企业结构趋同的特点。从山西工业企业的现状来看，其主导产业仍以能源原材料为主，集中在煤炭采选、黑色金属冶炼及压延加工、炼焦、化学原料及化学制品制造、非金属矿物制品制造等十大行业，这十大行业的营业收入占山西工业总收入的近80%，反映出山西工业企业结构偏重的特点。一方面因为对资源的严重依赖，其发展不得持续；另一方面破坏和污染环境。在国家产业政策和环保政策的调控下，这些工业企业存在节能减排任务重和安全生产压力大等突出问题，面临淘汰落后产能等方面的严峻考验。

第二节　山西省企业存在问题及成因

改革开放后，山西省企业发展迅猛，但是也面临很多问题。为了企业的持续长久发展，亟待正视这些问题，剖析其原因，为其未来的发展提供可行的解决路径。

一、缺乏制度创新

目前，山西大多数中小企业仍沿用管理家庭事务的方式来管理企业，既没有制定企业发展战略，也没有一套完整的制度（决策制度、财务制度、监督制度和法人治理结构等）来保证企业长期健康发展。少数中小企业虽建立了一定的管理制度，但形同虚设，更谈不上制度创新。分析其原因，主要是中小企业在创业初期，管理人员和职员往往是企业所有者的亲戚或同乡，人员少且身兼数职，采用家族式管理的效率比较高。但随着企业的成长发展，以"人治"而非"法治"为主的管理方式已不再适应企业的发展需求，限制了企业的市场竞争力，制约着企业的发展与壮大。而且家族企业存在一定的问题，例如，家族企业内部复杂的关系决定了家族企业难以实施规范管理和控制，无法依据环境和条件的变化进行主动调整和提升。当企业领导人亲属或家人违反制度时，很难像处理普通员工那样一视同仁，给企业内部管理留下了隐患。此外，企业主由于自身素质的原因，通常都希望保持现状，认为制度创新会提高成本，降低灵活性，因此不愿意建立和创新制度。

二、技术创新水平不高

山西省大多数企业无论是创新意识、创新能力、创新投入，还是技术创新成果的产出、应用和创新的效益，都处于较低的水平。普遍存在着重基本建设，轻技术改造和创新；重装备引进和更新，轻技术消化、吸收和再创新等问题。呈现出产品结构初级化、技术结构低度化、技术装备低级化的特点，难以适应经济形势的变化和转型升级步伐加快的要求。究其原因，主要包括以下几个方面。

（一）企业技术创新的主体地位尚未确立

山西省企业在长期计划经济体制的影响下，并未意识到企业在技术创新中的主体地位，很多企业主受文化、观念和意识制约，创新意识不强。具体表现为：对技术创新战略不重视，技术创新资金投入明显偏低，忽视对创新型人才的招募、开发与培养，技术创新人力资源匮乏，生产设备落后，信息化程度较低，在一定程度上存在重规模、抢速度、重产值和数量、轻效率和产品技术含量的倾向。

（二）长期实行并依赖低成本竞争策略

山西省企业长期以来以传统产业为主，在粗放型发展模式下，由于要素供给的制约较弱，企业不需要自主创新，仅靠数量扩张就能获得利润。再加上创新周期长于扩张周期，在利益的驱动下，多数企业奉行低成本参与竞争的策略，选择扩张式经营。这种依靠低廉的人力竞争而非技术进步驱动的经济增长模式使山西省企业还没有树立起走内涵式发展道路的思想，存在着产业结构不合理、发展方式较粗放、节能减排任务较重和安全生产压力较大等矛盾和问题，结构调整的任务非常艰巨。

（三）技术人才和资金不足，技术信息和市场信息缺乏

研发新产品初期投入大、周期长、风险大，需要人才和资金的双支撑。而山西多数企业受资金和人才限制，收集外部市场与技术信息的能力有限，阻碍了自主创新的步伐。以陶瓷企业为例，多年来小而全的生产模式，造成产品低档且雷同，进而形成低档产品恶性价格竞争，使每件陶瓷产品只有几分钱的利润，大部分企业没有充足的资本积累使产品从低档向中、高档转型，这种勉强维持的生产现状使整个行业发展速度缓慢。据估算，陶瓷产业要想质量有提升、产品多样化、行业内形成明确的产业分工，要投入 2 亿~5 亿元的资金。但钱从哪里来、技术人员如何培养、产业分工如何协调、产业布局如何规划等问题都没有办法解决，成为制约企业创新的主要矛盾。此外，山西省企业还缺少与高等院校及科研院所交流合作的渠道，缺乏创新的技术来源。主要有两个方面的原因：一是山西高等院校数量较少，科研能力不足，难以满足企业的需要；二是未建立有效的产学研合作机制，校企合作深度不够，科研成果的转化率较低。

（四）科技创新环境和服务体系不完善

企业科技创新服务体系具体包括科技信息服务、技术市场服务、风险投资服务、金融服务、贸易服务、法律服务、保险服务、知识产权服务、人才服务等。企业技术创新需要资金支持，但由于技术创新费用高、偿还期长、具有风险等特点，很难从银行获得贷款，而我国目前专门支持技术创新的风险投资很少，也很难从社会上融资。

三、企业经营困难，活力不足

2020 年是山西企业最难度过的一年。新冠病毒感染疫情的冲击使企业经营更加困难。受此次疫情影响最大的是服务业，尤其是交通、旅游、住宿餐饮、线下培训等服务行业。作为控制疫情的有效之举，不少地方采取了延迟开工等对策。随之而来的是供给端原材料、劳动力等生产要素流通受阻，生产、销售、回款等正常经营活动受到相应干扰，不少企业面临复产困难乃至停产减产的巨大压力。不仅如此，企业还要同时承受房租、工资、利息等刚性支出，经营压力加大。究其发展经营受限的原因，主要包括以下几个方面。

（一）成本不断上涨

1. 资源要素成本大幅上升

在物价上涨的累积效应和多种因素叠加的影响下，山西省企业如同全国其他地区企业一样，处于生产经营成本大幅上升，利润空间压缩的困境。生产经营成本较高主要表现为人工成本高、原材料成本高和融资成本高。近两年企业工资、保险等人工成本涨幅在50%以上。原材料、物流、房租等成本平均涨幅在30%左右。在乳业较为发达的朔州，除了6家规模较大的与国内知名乳品企业合作的加工企业外，其他小企业基本都关闭了。一些传统产业也面临成本上涨过快带来的困境。玻璃器皿行业受工人工资和原材料价格上涨、人民币升值等因素影响，利润空间越来越小。铸造、锻造行业受铁矿石、废钢等原料上涨，劳动力平均工资上涨等因素影响，大部分企业利润仅有6%~8%。灵丘县硅锰合金生产企业由于产品价格大跌，生产成本提高，14家企业关闭，4500多人失业。

2. 流通成本不断提升

随着市场格局从卖方市场向买方市场转变，产品的成本结构也发生变化，导致生产性费用比重下降，流通性成本比重不断上升。山西省多数企业对成本管理传统上局限于生产领域，把降低直接材料费、直接人工费和制造费用作为成本管理的主要手段，而忽视对产品开发、销售和售后服务等过程发生的成本费用的控制。电子技术革命以计算机和网络技术的普及运用为主要特征，既为现代成本管理提供了方便，又为降低流通成本创造了条件。山西一些企业的管理者并没有意识到这些变化，经营管理中信息化的程度仍然较低。

3. 企业的技术水平制约了成本的降低

技术水平的高低对降低成本有直接影响。在一定技术水平条件下，成本可以通过加强管理来降低，但降低的幅度是有边界的。若要进一步降低产品成本，就需要不断地提高技术水平。但技术开发的投入大、周期长，往往要以减少本期利润为代价，这就使管理者对技术创新的兴趣不高，从而制约了成本的降低。

（二）市场需求不足

近年来，国际金融危机、欧债危机、新冠病毒感染疫情等接踵而至，世界经济陷入困难局面。受国际经济形势影响，国内经济增长放缓，市场需求下行压力加大。焦炭是山西第一大出口创汇产品，前些年山西省出口的高速增长得益于焦炭等资源性商品。但随着2008年焦炭出口暂定税率由25%提高到40%，焦炭出口价格提高，山西焦炭出口在国际市场上的优势尽失。同时国际市场钢产量下滑，对焦炭需求量也逐步减少，致使山西从事传统焦煤和钢铁行业的企业产能相对过剩，普遍经营困难。

（三）产业层次不高，抗风险能力弱

山西省企业目前仍以传统产业为主，经营管理粗放、抗风险能力不强等问题一直存在，极易受到市场波动的冲击。山西省传统劳动密集型工业制造业加工企业的平均利润率不足10%，大部分企业处于亏损维持、勉强度日的状态。其中，铸造、机加工、纺机、玻璃器皿等劳动密集型产业由于加工费较低，拖欠严重，很多企业资金周转困难，常年处于不景气状态，全行业经营困难。

四、企业组织结构不合理，管理效率低

企业的组织结构应以支持企业战略发展、促进企业经营和管理、改善资源配置效率和培养核心竞争力为目标。但由于历史的原因，山西省大部分企业组织结构的正规化程度低、集权化程度高、产权结构单一，使企业的事前交易费用大大增加，企业内部实行的是"人治"而不是"法治"，在发展过程中容易出现组织结构不稳定、部门职责不清、责权不统一、组织效率低、内部组织关系不稳定等问题。究其原因，主要包括以下几个方面。

（一）战略方向不明

企业战略既是凝聚企业力量、调整企业内外关系的基准和原则，也是企业组织设计的依据。在山西资源型经济转型发展之际，绝大多数企业由于各方面的制约，还比较迷茫，没有明确的战略，仅有大概的方向或经营计划。还有的企业在环境发生变化的情况下，走一步看一步，企业现行的组织机构只是依据眼前业务特点或人员能力设计。由于缺乏战略前瞻性，随着业务变化调整组织结构，使部门结构和人员变动频繁，增加了企业的管理成本，降低了管理效率。战略不明晰也使企业在设置组织机构时对外部变化缺少预期和必要的准备，外部环境一旦变化，企业只能疲于应对。

（二）部门职责不清

部门职责不清会导致职能重叠或出现职能空白，其直接后果是有的事没人做，有的事大家争着做，导致部门之间产生矛盾，浪费公司资源，影响工作效率和质量，一段时间后还会严重挫伤员工的工作积极性。

（三）责权不统一

一方面企业的中基层管理者抱怨责任多、权利少，另一方面企业老板又指责下属工作效率低、主动性差。产生这种矛盾的根本原因在于企业主不敢放权或不懂得放权。之所以不敢放权，是因为建立在婚姻和血缘关系之上的家族文化使不少企业主形成特有的管理理念，如排斥异性异族，只重视家族利益而牺牲企业利益，论资排辈，强调权威和秩序，不重视参与企业运作的其他资源供给方的利益。不懂得放权则是由于企业内没有建立有效的内部管控机制。若要解决授权且不失控的问题，首先要解放思想，同时要规范内部流程和建立管控机制。

（四）高度危险的集权式一元决策体系

在企业组织简单时，集权化的领导能对外部环境变化灵敏地做出反应，使企业迅速决策并加以贯彻落实。但随着企业管理链条的拉长、管理跨度的增加，企业主的知识"折旧"速度加快，单纯依靠感性经验做出的决策带有很大的主观性。并且集体智慧缺失，没有有效的管理机制和团队的决策机制，使企业主做出错误决策的风险很大，为企业的生存和发展埋下了深深的隐患。更严重的是，企业主的绝对权威和一元化股权结构，使企业缺乏有效的内外监督、反馈和制约机制，难以建立有效的权力制衡机制，导致企业主的权力不受限制，在重大战略决策上一旦失误，企业马上进入"严冬季节"，甚至一蹶不振。

五、财务管理问题突出

（一）财务管理目标单一，可持续发展受到挑战

很多企业把片面追求利润最大化作为财务管理的唯一目标，而不考虑资金

的时间价值，不重视产品开发、人才开发、生产安全、技术装备水平提高、生活福利设施改善和履行社会责任等因素，使其可持续发展面临巨大挑战。究其原因，主要是将追求利润最大化作为财务唯一管理目标的企业通常没有长期的发展战略，这与企业主及经营者的见识和经营素质有关。在企业经营过程中，企业主的眼光往往只停留在积累资金上，既不注重管理制度建设和员工利益，也不顾企业生产对环境的破坏和污染，急功近利思想普遍存在。

（二）债务融资依赖过大，财务风险加剧

目前山西省很多企业用于生产的流动资金和技术改革投资主要靠银行贷款解决，但仍有很多企业尤其是民营小企业在银行贷不到款，只能靠其他方式融资，加剧了企业的财务风险。还有一些企业缺乏完善的财务清查制度、成本核算制度以及财务收支审批制度等，致使会计基础工作薄弱、财务整体管理混乱、缺乏风险控制系统、财务费用居高不下。此外，大部分企业销售结算采用承兑汇票支付，难以满足企业运营中日常的现金开支，企业因此不得不提前承兑，需要支付一定的手续费和贴现利息，既造成了本金损失，又加大了财务费用。

（三）产权不清晰，财务管理混乱

很多企业内部产权不清，容易形成对立的利益群体，加大内耗，管理费用较高。究其原因，主要有以下几个方面：一是财务工作由企业主单线控制，加之私人财产和企业财产混淆不清，财务管理存在缺陷，企业运营中难以严格按照财务制度的要求把关而导致制度和规定名存实亡。二是由于企业利润极低，在税收任务容易完成的地区，对部分企业实行定额包税制，从某种程度上来说包税失去了对企业的财务监督，而实际上造成企业不清楚自己的成本，不清楚自己的家底，从长远看必然制约企业的发展。

（四）一些企业盲目跟风，投资缺乏论证

盲目投资会造成企业经营困难，甚至关门停产，血本无归。除了市场变化的原因外，还由于一些企业主对市场缺乏了解、信息不灵通，经营方向不明，不顾本企业实际，不进行科学论证，到处要资金、争项目，急功近利，结果是技术改革项目不能按期投产或投产后销路不畅。有的企业引进设备技术落后、性能差，造成产品质量不过关，滞销积压。有的企业成本与售价倒挂，有的企业原料无保障，结果被迫停产，最终技改项目成为包袱工程，企业损失浪费严重。例如，长治市的晋襄王农副产品有限公司经理曾发出感慨："办企业两年后才知道与政府、银行关系的重要性，三年后才知道与消费者关系的重要性。"

六、产权制度存在缺陷

山西很多企业产权制度存在内部产权边界混沌不清、流量产权虚设、产权封闭性等缺陷，这些缺陷阻碍了企业发展壮大。究其原因，主要包括以下几个方面：首先，一些民营企业很少对家族成员之间的产权进行界定，内部产权边界模糊，这就为日后家族成员之间的产权纠纷埋下了隐患，增大了企业做大做强的困难。例如，不少民营企业在发展到一定阶段后，因管理者之间出现信任危机而"分家"，在"分家"时又因企业资产交割不清而出现诉诸法律的现象。其次，在由两个以上出资人组成的民营企业中，其原有资本是清晰的，但由于这些出资人同时也是经营者，其职位、能力贡献均有所不同，而在企业增量收入的分割上只考虑原有资本金的比例，很少考虑人力资本的作用，这种情况往往导致企业管理者中有能力者"另立门户"并"重操旧业"，形成与原所在企业的恶性竞争。最后，在民营企业内部，忠诚意识和集团意识占据主流，企业的群体价值不断增大，企业成员能自觉地维护企业的和谐，因而构成了一个相对封闭的集团，呈现明显的封闭性特征。以上特征反映在企业的活动中，极易使企业对外部群体采取敌视或排斥的态度，而这种对外部边界的"不合作"态度限制了企业自身的成长。

七、一线员工队伍不稳定，高素质人才难求

山西省企业反映较为普遍的问题是"用人难，留人难"，道出了企业在人力资源管理方面的无奈与迷茫。企业员工总体流动率呈上升趋势，经营管理人才和专业技术人才缺乏，技术、管理人才不敬业，求职者工作态度和敬业精神较差，求职者能力素质低于企业要求，技术工人缺乏。由此可见，人才流失严重、人才缺乏，尤其是高素质的管理人才和高水平的技术人才缺乏严重制约山西省企业的健康发展。认真分析其原因，主要有社会环境、企业内部、员工自身三方面影响因素。

（一）社会环境因素

山西省作为内陆经济欠发达地区之一，由于地理位置、自然环境、物价、投资环境及自身社会形象等原因，在全国乃至全球范围内的人才资源竞争和配置中，面临越来越严峻的挑战。山西省自然环境较差，空气污染、水污染、工业固体废物污染严重，水资源减少、地下采空区域大等是人才流失和难以引进人才的影响因素之一。产业调整滞后，经济发展后劲不足。山西省以煤为主的单一产业结构，正严重影响着人才的物质与精神文化生活水平，从而制约着优秀人才献身山西的积极性和创造性。企业职工社会地位低。由于长期形成的思维习惯的影响，政府一些部门及社会对企业的看法存在一定的偏差。例如目前的户籍政策，尤其是大城市的落户限制，使企业招聘的员工大多无法落户，导致其子女入托、上学困难，生活成本提高，成为企业"用人难，留人难"的主要外部因素。此外，很多企业地处不繁华的小城市，发展平台小，吸引人才困难，留住人才也不容易。山西省企业工资福利待遇较低，与沿海省份很多企业相比，山西省企业资金力量薄弱，有限的资金主要投入到产品研发和市场开拓上，很难再有力量开出优厚的薪资吸引优秀的人才。即使最初招进了人才，但由于为员工提供的个人发展机会相对较少，不利于人才潜能的培养和个人才能的发挥，也避免不了员工因横向比较产生失落感而流出山西。山西省企业家的成长环境有待进一步改善，职业经理人市场不完善，对专业技术人才激励不足。创业与经营企业的成长环境有待改善，市场网络不健全以及市场机制不成熟等原因，使企业经营管理人才承担的风险大，专业技术人才收入不高，因此人才缺乏及流失严重。再加上传统观念的束缚，从山西每年报考国家和省级公务员的人数逐年升高就可以看出这一特征。山西省城市承载能力较差，一些城市规模小，一部分外来打工者的孩子上学、居住、饮食等问题很难从根本上解决。当企业建设在城市附近时，本地农民进城务工也面临与外地人同样的吃、住等生活上的困难。不难看出，山西省城市承载能力弱的弊病使企业招工难的问题得不到有效解决，影响和波及工业化的发展。惠农政策使农村人口向城市人口的转化意愿降低。为了解决好"三农"问题，政府建立了新农合医疗体系，实行了农村居民养老保险制度。尽管两项制度的保障程度较低，但因为缴费水平低，与农民收入相匹配，受到了广大农民的欢迎。再加上农村土地为农民提供了最后的生活保障，因而在城市工业化水平不高、企业支付工资水平较低、生活成本较高的情况下，农民并不愿将户口转为城市户口。

（二）企业内部因素

1. 制度供给缺失

所谓制度供给缺失，是指在一个制度体系中，某一项制度或几项制度供给不及时、不完善的现象。新制度经济学认为，经济增长最为关键的因素是制度而非资金和技术，制度促进经济发展并最终通过对人的激励而实现。通过制度供给构建良好的人力资源管理体制，对充分发挥人的潜能，促进社会进步具有关键作用。山西省企业人力资源管理制度供给缺失的表现具体包括以下几个方面。

第一，人力资源管理观念比较陈旧。传统的人事管理理念依然在山西省企业管理中占据主导地位。一方面，企业往往把人力资源视为"成本"而非"资源"，忽视了人的积极性。当企业处在高速发展阶段，对人力资源需求旺盛时，人力就是企业获取利益的工具。当企业遇到困难，甚至多项业务陷于停顿时，人力就成为企业的负担，开始降薪或裁员。这种做法很难激发员工的潜能，也导致企业招聘难和留人难。另一方面，很多企业由于自身财力有限以及受传统观念的影响，往往认为员工是企业雇来赚钱的劳动力，及时支付工资就可以了，很少考虑其他形式的激励，也不注重工作内容及工作强度因素可能给员工带来的影响。对员工的管理方式主要是"管、卡、压"，导致员工懈怠、积极性下降，最后人才流失，给企业带来不可估量的损失。

第二，企业人力资源组织存在缺陷。很多企业规模小，投入资金少，出于成本考虑，一般不设专门的人力资源管理部门和人事专员，大多由综合办公室统一管理。人力资源管理主要以事为中心，而不是以人为中心。管理的内容侧重于员工的考勤、奖惩、工资分配和档案管理等事务性层面，既没有明确的人力资源管理战略，也缺乏基础的人力资源体系，导致企业内出现人员配备不当、职责分工不清、劳动定额不合理等问题。

第三，人员招聘不规范。其一，没有详尽的招聘计划，企业招聘往往是"现用现招"。原因在于企业缺乏科学的岗位分析及能力素质分析，不知道自己需要什么样的人，也缺乏一整套科学的对应聘者进行考核、评价和聘用的机制。其二，没有深入的人力资源需求分析，只能凭感觉去寻找人才，导致人才高消费或难以满足岗位需要，造成人岗不匹配。其三，招聘方法单一。招聘时只采用传统的面试法，凭经验决策，不可避免地出现各种失误。其四，对于急需的人才，往往显得急功近利。有的企业在与求职者的沟通中夸大企业的业绩和发展前景，并给求职者过高的承诺（如薪水、住房、培训等）。当求职者到企业之后才发现并不像当初承诺的那样，因此失去对企业的信任，致使其积极性下降，人才流失率提高。有的企业往往对人才存在不切实际的期望，总认为一旦重用了某个人，其就要马上为企业带来收益，否则便没有留下来的价值。这种观念既不能发现真正的人才，也不可能给人才带来太多发展余地，甚至会使人才觉得压力过大而选择离开企业。

第四，长期实行"大棒式"管理下的"劳动密集型"管理战略，导致用工难与"民工荒"。所谓传统"大棒式"管理下的"劳动密集型"管理战略，是指企业把劳动者与其他物质生产要素看作相似甚至相同，对吸纳到本企业的人力资源压低、克扣和拖延其工资，使劳动者的生产与生活条件都极其恶劣，生产经营中主要依靠大量投入与使用劳动力，而对技术和设备依赖程度较低的发展与管理战略。在改革开放初期的1978—1991年，当我国农村劳动力为解决生存问题或对非农产业与城市甚至对未来工业化的发展有一种好奇心和好的预期时，非国有企业采取传统"大棒式"管理下的"劳动密集型"管理战略对我国二元经济转化确实起到了促进作用。但当进城务工人员生存问题解决了，好奇心消失了，好的预期长期不能实现时，继续采取这种战略，就会出现在农村还有大量农业剩余劳动力的情况下，城市已雇不到所需劳动力，劳动者积极性大大降低的结果。随着社会的进步，山西省企业的工作环境已有所改善，克扣、拖延工资的现象已很少发生，但员工的工资福利待遇依然低于全国平均水平。尤其是县一级企业，员工的工资水平很低，而且工作时间偏长，与国有企业和行政事业单位相比，小时工资偏低，这是青壮年员工流失率高、工作积极性低的关键原因。

第五，人力资源规划与开发起步较晚。一些企业依然把资金和技术作为发展的主要动力，企业的一切活动首先围绕吸收资金和引进技术来进行，舍不得花钱对人力资源进行开发。还有一些企业主由于担心人才流失，不愿意在人才开发上多投入。不论出于什么原因，相同的结果是，企业内没有一个成型的人力资源培养计划，员工的职业生涯设计和企业人力资源规划相分离。但时代的变迁又使劳动力供需双方对提高劳动者的素质都有较高的要求，因而企业即使很不情愿，每年也会对培训进行一些投入。一些企业除了对培训的重要性认识不足外，在培训员工方面还存在以下问题：一是企业培训模式单一，培训内容设置与员工需求有一定差距。企业将工作态度与企业文化作为培训的首要内容，而员工将职业、技能培训放在首位，出现了培训内容供需的不匹配。二是培训时间较少，且以在岗培训为主，还经常安排在员工的休息时间。三是参与面较窄，具体表现为"两头少、中间多"，即企业的决策者或者企业的高层管理人员参加少，一线员工参加少，中层干部参加多。四是培训效果较差。总体来说，以上问题一方面反映出企业在培训方面没有做到事先调查，事后评估；另一方面说明人力资源管理部门对企业的业务没有进行深入了解，缺乏对企业发展的洞察力，使人力资源规划脱离企业实际，成为一种想象。

第六，企业薪酬制度不合理，绩效考核体系欠科学。近些年，山西省许多企业已经意识到人才引进的重要性，逐步开始与市场接轨，提高员工工资，并借高薪酬吸引特殊需要的人才。但由于没有深入研究与实践，这些措施仅仅停留在表面，具体来说就是缺少配套的薪酬系统和完整的绩效评估体系。一方面，没有必要的科学分析和薪资计算标准，但这些直接关系到人才的去留与企业的效益问题。多数企业薪酬管理基本上是一种无序的薪酬定位和平均主义的薪酬支付政策，而核算标准更是缺乏科学性和可行性。同时，在薪酬设计上，很多企业多侧重于硬薪酬系统中的工资和奖金，基本不考虑软薪酬系统，工资结构比较单一。一线员工多实行计件工资，工作强度大。后勤人员工作包干，加班费发放情况不理想，与管理层的工资差距较大，员工对薪酬的满意度较低。究其原因，主要包括以下几个方面：一是薪酬的增长幅度低于企业利润的增长幅度，员工不能分享企业成长带来的利益；二是薪酬制度不完善，不能很好地反映员工的贡献和能力；三是实际工资水平低于期望值。提高工资待遇、实行带薪休假已成为企业职工的迫切愿望，但现实往往事与愿违。另一方面，在绩效考核的实际操作中，因为工作职责不清晰，没有形成科学合理的指标体系，没有规范明确的考核制度，过于看重企业主的个人主观评价，所以考核结果缺乏真实性和科学性，不仅对企业的指导作用甚微，还引起了员工的不满，造成员工积极性不高，稳定性差。

第七，缺乏行之有效的激励机制。首先，激励方式过于单一。相当一部分企业主认为通过加薪的方式来增加员工的工作时间无可厚非，员工也愿意通过加班获得额外的薪酬，因而企业最常用的激励方式就是通过加薪让员工加班。但对于大多数员工而言，在延长的劳动时间内，得到的报酬仅仅是企业给予自己的少量薪酬，且大多数情况下的加班都是临时决定的，带有强制性，忽视了员工对于精神层面的需求。因此，加班加薪这种激励方式与员工的需求和付出不相称，很难持久地调动员工的工作积极性、发挥员工的潜能，甚至在某些时候还会让员工产生消极、厌烦以及不满的情绪，最终使企业缺乏凝聚力，员工缺乏归属感。其次，激励机制不合理。很多企业忽视了建立和健全有效的企业激励机制，尤其是激励的长效机制。而长期激励才是企业人才战略的重点。很多企业与员工所签合同大多为一年短期合同，员工子女上学等问题也没有得到企业的帮助。这就很难使员工对企业产生归属感和依赖感，难以长久稳定地在企业工作。此外，在家族式管理的企业中，由于家族成员与非家族成员的差异，在企业内部的管理制度中出现了大量的双轨形式和双重标准，企业内部的激励和约束机制受到了严峻的挑战。

第八，没有建立必要的沟通渠道。企业主和高层管理者，本应该时常与下属及员工进行有效的沟通和交流，听取他们对企业发展的建议及自身利益的诉求，但大多数企业并没有建立完善的沟通机制和沟通渠道，员工对于企业管理者的抱怨和不满不能及时地表达出来，就很容易把这些情绪带到工作中，进而影响工作效率。而管理者由于不能了解一线的工作情况和员工的思想状况，制定的相关制度很难切合企业的实际需要，再加上传达过程中出现的遗漏和传达者人为的理解，使矛盾越积越深，得不到有效的释放。

2. 内部人控制

山西省很多民营企业采用家族式的管理模式，家族成员几乎占据了企业所有重要职位，绝对地控制着企业的所有权和经营权，这样就导致内部人控制的局面，在用人方面的表现就是对外人不放心、过分集权、任人唯亲、选择标准欠科学、论资排辈等。内部人控制阻碍了企业人力资源的发展，具体而言表现在以下几个方面：一是阻碍了优秀的社会人才进入企业，在企业中有可能形成压制外来人员，不听取他们的正确意见，甚至欺负外来人员的歪风。二是担任重要职务的低素质的近亲可能用自己的喜好来指挥外来人才，致使外来人才对企业缺乏认同感，不愿与企业同舟共济，最终流出企业。三是企业领导按关系、忠诚度、才能等标准将员工分为亲疏不等的类别，处理企业内部人与人之间的关系时，缺乏理性管理，从而采取内外有别的价值评判标准，凡事以领导者个人意志和人际关系为转移，这使企业难以得到非家族成员及社会的认同，导致很多民营企业的人才结构出现了严重的对外封闭性，无法形成动态的人才代谢机制。山西的一些民营企业从外省甚至全球聘请准职业经理人为常务副总经理，所谓准职业经理人是指其只负责日常的生产销售，享受年薪制，并不是企业真正的总经理。由此看出，山西很多民营企业经营者的思想已经有所转变，开始向外寻求专业管理人才，而不只是家族式管理。但思想解放得还不够，不能放开手脚让经理人去放手拼搏。

（三）员工自身因素

1. 进城务工人员的双重身份是员工队伍不稳定的主要因素之一

农民加工人的特殊身份，以及"闲时工人，忙时农"的思想意识，使进城务工人员成为企业员工队伍不稳定的主要因素。山西很多企业招用的一线员工是本地进城务工人员，这一特点使企业季节性用工难的问题突出。针对这种情况，一些企业采取了相应措施，例如，与农民技术工签订三年及以上的长期劳动合同或把缴纳养老保险、医疗保险作为工作年限长的员工的奖励等。但现实情况是，我国农民以土地为本的传统思想观念较重以及契约意识不强，一些进城务工人员即使签了劳动合同，在农忙时节或在农业收入相对稳定时，也置合同于不顾，回流到土地中，企业招工难和用工难问题便随之出现。

2. 人才对获取回报存在过高的期望，存在急功近利的思想

曾有研究表明，职场新人跳槽原因中80%与薪酬有关。山西省很多企业由于自身条件的限制，在待遇方面难以与沿海经济强省企业匹敌，结果往往造成对薪资待遇期望较高的人才流失。当然也有个别员工完全以自我为中心，没有职业道德与敬业精神，只要觉得对自己有利，连诚信也弃之不顾，采取不合理的、非法的手段窃取企业的机密到新东家，侵犯原企业的经济利益。

八、企业文化建设滞后

企业文化是企业的灵魂与思想，是企业长久生存的基础，它可以让企业智能化地自我运转，不会因为突发事件或某个关键性人物的离开而停摆。许多企业在多年的运行与奋斗过程中，已经自觉或不自觉地有了适应环境的文化积淀，这些文化多数属于约束型模式，具有以下特征：一是血缘性、情缘性和类血缘性；二是短视偏激，具有强烈的唯功利性；三是法治观念淡薄，人治观念浓厚；四是民主意识淡薄，唯意志色彩浓厚；五是随意性和短期性；六是滞后性。这些特征使企业适应市场经济变化的程度低，阻碍物质生产力的快速发展。目前山西省一些企业的文化建设呈现这样一种状况：要么企业主的文化建设意识还很淡薄，在企业经营管理中，目光短浅，信用缺乏，只追求"看得

见"的效益，并不注重"文化"所带来的"看不见"的潜在效益，即通过文化建设能够改善工作环境，满足员工精神需求，进而吸引人才、留住人才、提升团队合作精神、增强企业凝聚力和树立企业良好社会形象。要么注意到企业文化的力量，但不知道如何进行文化建设。例如，提出了很多形而上学的企业文化，甚至抄袭或"官话"太多，缺乏个性和创新，不能成为员工共同的价值理念，无法起到激励员工的作用，最后只能留在书面或挂在墙上做摆设，难以营造一个具有特色文化氛围的工作环境。无论怎样，这两种情况都不利于企业的长远发展。造成以上现象的原因有很多，主要原因包括以下几个方面。

（一）观念原因

1. 企业价值观尚未培育形成

一个企业的价值观是伴随着企业成长而发展形成的，是企业成熟的标志。由于很多山西民营企业按照企业性质运作的时间还比较短，企业文化尚处于自发生成状态，很大程度上承袭了企业家文化的传统和地域文化的秉性，缺乏去粗取精的优化选择程序。在某些方面充满了碰撞和紊乱，基本价值观的形成、传播与扩散处于被动状态。

2. 对"以人为本"的和谐理念认识不足，企业文化没有根基

企业的前途与员工的个人愿望息息相关，企业文化建设需要向员工展示企业的美好愿景。然而在"家长式"的企业文化传承中，企业主和员工传统的雇佣关系禁锢着双方的思想。在经营管理过程中，企业主或多或少地存在工具人、经济人的思想，尊重、关心和理解员工缺乏具体体现，没有把人的全面发展作为企业发展的根本出发点和落脚点，吸引人、激励人的企业文化功能还没有形成。

（二）企业内部原因

1. 对企业文化认识不足、理解不到位

企业文化是一个比较抽象的概念，其外延很广，内涵很丰富。山西相当一部分企业的管理者对企业文化认识不足，存在盲目夸大或过分贬低企业文化作用的两种倾向。对企业文化建设存在四种认识误区：一是把企业文化等同于文体活动；二是将企业文化等同于企业形象塑造；三是错误地以企业主和员工专业技术知识的多少、学历的高低来衡量企业文化建设的优劣；四是不懂企业文化建设的规律，认为文化建设可以速成。因而在塑造企业文化时，对企业文化

的原则、着力点和切入点不能准确把握，使企业文化表象化、僵化、空泛化和文体化。

2. 管理问题

管理制度是企业文化的支撑。山西省很多企业组织结构与管理制度不完善，是企业文化建设难以持续和连贯的主要原因。首先，企业大多没有成立文化建设专业部门，企业文化建设落不到实处。其次，企业缺乏战略规划，在迅速成长的道路上，经营理念和价值观很容易改变，使企业文化定位模糊。最后，企业三级管理层次的不同文化表现使其文化体系难以形成。民营企业的管理高层（即所有者层）以家族成员为主，形成了以家族文化为主的企业文化，家族文化的排他性将高新技术、优秀人才、大量外部资金拒之门外，限制了企业的发展，最终使家族企业缺乏凝聚力和强有力的文化支撑。中层管理者（即一些重要的管理人员和企业骨干）通常是企业主的亲戚朋友，这一层次主要受泛家族文化的影响。而基层只有初步的企业管理制度。民营企业的所有制结构注定了这三类文化并存，它们之间的摩擦和沟通障碍则不可避免，难以形成统一的文化体系。

3. 企业整体素质问题

"企业文化老板化"的现象表现突出。很多山西民营企业家族式的管理使企业创始人的意识、个人品行、道德准则、思维方式、习惯、价值观以及经营哲学直接决定着企业文化的走向和实质性内容，企业家的胸怀、文化素质等个人特质对企业文化的建设起着阻碍或促进作用。在很多民营企业中存在制度不合理、缺乏沟通等因素，造成了"员工相轻"的狭隘心理，影响了企业文化建设。

（三）环境原因

尽管近年来政府出台了一系列政策扶持企业成长，但企业的外部社会环境并不太好。企业文化作为社会文化的一种亚文化，两者既有区别又有联系，而这种区别往往造成员工在工作中持有的思想观念与企业紧密联系的群体或个人所持的思想观念发生抵触，如果这种抵触处理不好，企业员工将在新的价值观念（即企业文化所支持的价值观、行为规范）与亲朋好友的亲密联系、客户的业务支持、社会舆论等之间做出艰难的决策，有可能造成企业文化的架空。这也是当前很多企业主决不让自己的孩子再经营企业等社会现象出现的原因。因而要培育一种积极健康的企业文化，不能单靠企业的管理层重视和企业内部的努力，还需要社会各界的宽容、理解和支持，需要一个有利于其成长的社会外部环境。

九、集群规模初步形成，但水平较低

目前山西省企业集群已成为区域经济发展的主力军，但总体来说，集群水平较低，优势还不突出，具体表现在以下几个方面：一是产业集中度低，专业化分工协作不够；二是集群创新不足；三是市场形态和交易方式落后；四是集群应变能力弱；五是集群的融资和品牌优势没有得到有效发挥；六是一部分资源型中小企业采用"资源—产品—废物"的单项生产模式，资源配置低效，对环境污染和破坏严重。造成以上问题的原因主要有以下几个方面。

第一，山西省企业集群多是依赖地方的自然资源和传统习惯而逐渐形成的空间上的集聚，尚未摆脱行政区域的束缚，处于混沌型阶段。即各企业集群已经拥有了相对稳定的成员，形成了初级的社会网络，具备了集群的结构性特征，但集群内部组织化程度不高，企业产业结构趋同。在生产上，"小而全"的现象非常普遍，终端产品多，中间产品少，企业之间没有明显的专业化分工，没有形成工贸一体化、产销一条龙的经营方式与分工合作、互相配合的组织形式，缺乏关联与协同效应。

第二，由于集群内缺乏统一的产业布局政策，集群成员缺乏对自身在集群内部产业链上所处环节的战略性定位，集群内企业之间各自为政，多处于恶性价格竞争的状态，互相之间技术保密，营销单干，缺乏有效的信息沟通和协调，开展技术创新合作的更是凤毛麟角，致使集群的整体效率不高，难以形成协同创新的网络环境。加上创新投资成本高、风险大，集群内存在着很强的技术溢出效应，集群内企业所采用的技术多为引进和模仿，缺少自主研发的动力。

第三，人力资源不足，融资环境和渠道不佳，导致集群企业技术研究和开发投入不足，集群创新的基础能力不够，难以形成产、学、研相结合的创新体系，集群的内部优势得不到发挥，不能刺激企业创新和技术升级。

第四，就现阶段的发展水平来看，山西企业集群至今还是人格化的以有形市场为主，少量人格化的无形市场靠的是人缘、地缘、血缘、同学缘等相互关联，人格化交易机制的强度太大，使建立一个法治的市场经济难度很大。

第五，山西省企业集群多是劳动密集型的产业集群。随着劳动力成本的迅速上升，市场需求层次的不断提高，企业面临着生产成本上升和需求减少的双重压力，若不能有效应对，就可能被市场淘汰。

第六，山西企业集群多属于资源消耗型的工业企业，受资源和环境因素的严重制约。而由于技术水平和管理水平较低，生产方式主要是粗放型的，产品绝大多数是中低档的，靠消耗大量价格较低的资源和能源低成本生产，从而实现产品低价来赢得市场竞争。但随着资源和能源的紧缺，企业的生产成本不断上升，而给环境带来的压力又使其面临着产业结构的升级调整，甚至关停。

第七，在企业集聚过程中，政府在市场引导者和主导者之间角色错位，没有充分发挥对企业的指导和服务功能，具体表现在以下几个方面：一是对集群技术基础设施的建设缺乏规划；二是政府主管部门在产业政策导向上缺乏系统性；三是基于经济和财政收入指标的考虑，一些地方政府存在竭泽而渔的非理性行为，缺乏长远规划；四是政府缺乏对企业之间合作的引导，没有创造相应的环境和条件支持企业之间的合作，导致集群成员之间关系疏远，集群松散，未能形成整合优势；五是政府调控部门由于缺乏对企业集群发展规律的认识，不能制定出相应的发展规划，普遍处于放任自流的状态。许多工业园区或农业创业园区管理粗放，仅仅是把相同的企业集聚在一起，解决了用地难的问题，但在发展规划、创业辅导、市场开拓、行业约束等方面还处于起步阶段，管理水平亟待提升。

十、品牌建设滞后

当前很多山西企业没有注册商标，更谈不上品牌经营，品牌意识没有深入人心。一些已经注册商标的企业品牌知名度不高，无法把品牌效益最大化。造成以上问题的原因主要包括以下几个方面。

第一，很多山西企业管理者经验不足，对国内市场营销的发展趋势认识不清，对品牌无形资产的特殊性认识不足，在企业运营中，偏重产品生产，忽视品牌塑造。侧重成本竞争，品牌竞争意识淡薄。忽视企业的长期发展，热衷于贴牌加工，拒绝接受品牌经营和管理理念。

第二，很多企业受人力资源、管理水平和财力等方面的制约，在外部环境不稳定、同行业大品牌企业的挤压下，始终处于劣势地位，在品牌创建和推广实施过程中遇到品牌定位不准、品牌创新不够、品牌推广盲目、成本约束下的短视、品牌的深度挖掘与整合利用上的滞后、品牌系统传播规划缺乏等诸多困难。

第三，有些企业实行"无品牌"战略。当前我国的市场环境允许商品不使用商标，这是因为：一方面，有些企业的产品难以形成"产品差别"或质量难以统一保证和衡量或消费者对质量的要求不高，无须进行特别的辨认，导致使用商标的可能性大大降低；另一方面，人们日常生活中经常接触的商品，不需要特别的专业知识就能够辨别真假、好坏，也可以不使用商标。这些无须使用商标的产品生产，可使生产企业省去商标设计、宣传等工作和费用，从而使产品成本降低，具有低价格竞争的优势。而我国消费者的主体仍是广大工薪阶层和农民，物美价廉是他们的首要选择，很多人不大关注品牌与商标。此外，一些大企业对中小企业的竞争方式发生了变化，从吞并排挤的直接竞争方式转化为合作竞争，使中小企业获得了生存机会，而处于成长中的中小微企业也乐于选择"贴牌战略"来谋求发展。

十一、违法经营，存在不规范行为

在经营行为方面，山西一些中小企业存在签约积极、履约消极、拖欠账款、不讲信用、恶意逃债、侵犯知识产权等问题。在面向消费者的产品销售中，存在走私贩私、制假贩假、产品质量低劣、欺骗消费者等不良行为。在对银行的信贷业务中，存在恶意拖欠贷款、逃避银行债务等现象。在接受政府部门的管理中，存在提供虚假财务报告、偷税漏税、逃税欠税、抽逃资金等违法违纪行为。存在以上问题的主要原因包括：一是中小企业点多面广，经营者素质参差不齐，有些企业主法律意识不强，缺乏社会责任感；二是执法部门由于人力有限、能力不及或不作为、徇私枉法等，对市场秩序整治不严、不力。

十二、国际化程度较低

随着经济全球化进程的加快以及国内市场竞争的加剧，山西省一些企业走出国门参与国际竞争的要求越来越强烈。但是当前山西企业的国际化水平仍然较低。究其原因，主要有以下几个方面。

第一，国际化风险较大。很多企业规模小，资金实力不足，国际化经营管理人才缺乏，在对外投资中预测风险、管理风险和抵御风险能力都较弱，难以通过自身的努力来管理控制包括政治风险、法律风险、文化差异风险、汇率风险、信用风险、贸易摩擦风险、资金风险等在内的诸多国际化风险。

第二，山西企业多集中在劳动密集型行业，设备落后，不具备产品技术优势，品牌意识薄弱，缺乏核心竞争力。

第三，山西企业所面临的外部政策环境不完善。与世界上许多国家都通过法律和政策对企业发展提供必要的支持相比，我国还没有完全形成扶持企业发展，尤其是扶持中小企业外向国际化成长的政策体系。

第五章　晋商优秀传统文化对
政府向企业调控管理的启示

❀ 第一节　加强市场经济中法治建设与道德建设

　　企业是市场经济中最重要的组成元素，因为企业为人民大众提供生产和生活所需的物质资料，企业产品的好坏直接影响着人民大众的生活。所以企业的诚信经营不只关乎自身的信誉，更关系着广大人民的生命健康。晋商在商业运营过程中坚持以信誉为基础，坚持诚信管理，才取得了长久的繁荣。企业在竞争中因为利益问题会受到很多方面的诱惑，如果单靠企业自身的约束，显然不会起到实质性的约束作用。

　　中国实行社会主义市场经济，而法治是社会主义市场经济体制的固有要求。对于政府而言，要加强市场经济中的法治建设，特别是要建立和完善社会信用体系，建立有效的信用激励和不诚实的纪律惩罚制度，加强整个社会的信用意识，鼓励诚信行为，为企业公平竞争打造良好的市场环境。在这个过程中可以加大失信惩戒力度，只有当企业因诚信问题而付出巨大代价时，企业才能从根本上重视诚信问题。政府在加强企业法治建设的同时也要注重企业的道德建设。政府应培养以诚信为核心的企业道德规范。在习近平新时代中国特色社会主义思想的指导下，我们要努力培养以诚信为核心的企业道德，使企业认识到要想在社会主义市场经济中实现公平交易，就必须建立公平竞争规则，遵守法律和诚信的经营原则，企业的商业道德是企业管理中应坚持的重要原则。法治建设与道德建设双管齐下，使企业重视诚信经营，培养企业"诚信是品牌"的观念。在这样的环境中，以诚信为核心的经营道德已在不知不觉中成为大多数公司的行为准则，从而适应社会主义市场经济发展的需要。

❀ 第二节　处理好企业内不同利益群体间的关系

晋商关心人与人之间的和谐交往，在经营中晋商坚持以和为贵。晋商的和谐体现在与顾客、同行、竞争者以及员工的关系上。晋商讲求和谐的思想无处不在，特别是在各个晋商的商铺中，他们根据诚信、讲义的原则处理各个商号之间的小摩擦，并帮助协调各商号之间的利益纠纷，消除人与人之间的分歧。如果将晋商的和谐理念用于同行关系和劳资关系中，企业之间的恶性竞争就会大大减少，企业与劳动者之间的矛盾也会大幅度减少，在工作中大家都可以获得相应的利益，并且将利益的差距降低到可以接受的程度，这也有利于解决我国贫富差距问题。

在社会主义市场经济中，公平和效率一直是我们关注的问题。政府必须深化收入分配制度改革，以维护社会公平。社会财产和相关利益的分配状况，是人们对社会、对政府进行评判的标准之一，每个人在社会上都应该享有平等发展的权利和机会。维护社会公平是解决人民内部利益矛盾的重要途径。在一些企业中，存在各个阶层的利益分配不均衡问题，特别是在一些中小型民营公司，老板、中高层管理人员和劳动者之间在利益分配方面存在的冲突比较大，有些甚至特别严重。因此政府应高度重视，积极规范中小民营企业中的各种利益分配。因为在这些企业中聚集了大批新型工业工人，这些企业解决了一些农民就业和城市下岗工人再就业等问题。很多选择上访向政府寻求帮助的劳动纠纷，都是关于利益分配不均的问题。上访资料显示，企业劳动者的上访基本上都是要求企业在经营中能够维护劳动者的合法权益。个别公司还因劳资纠纷问题，被提起民事或刑事诉讼。如果这些问题不能得到及时妥善解决，将不可避免地影响社会稳定。因此，政府必须正确认识中小型民营企业的内部利益关系，并采取有效措施解决各种利益冲突，这也有利于社会和谐稳定。

❀ 第三节 提供政策支持，积极引导企业参与国际竞争

晋商的成功离不开当时政府推出的一系列政策。在当时重农抑商的大背景下，如果没有政府的政策支持，晋商很难开展商业活动，实现货通天下的梦想。在社会主义市场经济体制下，企业发展也离不开政府政策的支持。2020年，新冠病毒感染疫情对中国宏观经济运行和社会生产生活产生了重要影响。这场突如其来的疫情打乱了全国经济的发展节奏，使无数企业遭受重大打击，特别是一些传统行业。后疫情时代，中小企业特别是小微企业实力较弱小，需要政府从政策上予以重点关注。政府应该实行更加宽松的财政政策，对于中小企业给予所得税减免或返还。而货币政策应该稳健偏宽松，重点帮助中小企业解决资金短缺问题。

政府对企业的政策支持不仅要体现在企业遇到危机的时候，更应该体现在鼓励企业参与国际竞争方面。历史上，晋商积极抓住政府的一系列政策机遇，经营范围从国内扩展到国外。在经济全球化的背景下，政府不仅要鼓励积极创业，还要鼓励企业走出国门，不断扩大国外市场，这有利于我国供给侧结构性改革。因此，政府应集中力量打破区域划分和行业垄断，消除市场贸易壁垒，并废除各种阻碍，尽快形成统一市场和公平竞争的法规。国家的对外政策也应大幅放宽市场准入原则，积极引导中国企业走出去。促进贸易和投资自由化和便利化，促进经济全球化，并鼓励中国企业开拓更大的市场。政府的支持能够增加企业走出去的信心；企业能够借助政府政策的支持不断扩大经营，增强实力，为走出去参与国际竞争增加物质实力。

❀ 第四节 加强企业家征信体系建设，规范企业家行为

企业家是公司的领导者和掌舵者，在公司经营中不可避免地会更多地关注自己的利益，因此政府应改进企业家征信系统，加强对企业家信用的评价管理，企业家的信用值会对其之后的工作甚至社会生活产生影响。增加对企业家

不诚实行为的物质惩罚，这将增加企业家的失信成本，以此提醒他们注意规范自己的行为。还应加强我国信用体系建设。政府可以考虑建立专门针对各个行业领导人才的信用报告系统，并改善信用监控机制。科学合理地使用计算机技术和大数据技术，以便获取全社会企业家的基本信息。信用信息系统的建设与应用对于规范企业家行为具有重要意义，也有利于在全社会创造一个重视和珍惜信用的良好信用环境。

企业家的信用问题不仅关乎自身，有时还会影响国家形象。现今，有很多的中国企业家走出国门，把生意做到了海外，在与外国商人进行商业贸易时，企业家的行为不仅代表个人，还代表国家形象。个人信誉的好坏会影响别人对中国人的看法。诚信问题事关底线原则，我们绝不能姑息失信行为。政府应采取有效措施，加快信用信息系统建设，在各个领域建立完善的信用登记制度，建立覆盖全社会的信用信息网络。建立信用奖惩制度，实行具有吸引力的奖励机制，发挥纪律处罚的威慑作用。相关部门要加快信用整顿和修复，引导全社会树立以诚信为荣的价值观，惩治不诚实行为。深入推进诚信建设制度化，加强诚信宣传教育，加强信用举报制度建设，认真查处不诚实行为，建立诚信奖惩联动机制，创造一个不敢不诚实、不愿意不诚实的社会环境，形成诚实守信的社会，让企业家养成守信用的良好习惯。

❀ 第五节　加强积极的价值引导，提高企业家道德素质

对于企业家诚信意识的培养，不仅要出台强硬的政策从思想上给予威慑，更应该给企业家营造一个健康的经济环境，使其在潜移默化中把诚信理念融入血液里。政府要积极推进市场经济环境健康化，以利于企业家诚信意识等道德素质的提高。比如，政府可以减少对企业的直接干预。随着中国特色社会主义市场经济法律法规的完善，在良好的市场经济环境下，具有优秀道德品质的企业家将得到市场的认可。而违背法律与不遵守市场规则、道德素质低的企业家将受到法律的惩罚，并最终被市场淘汰。因此，要让企业家明白，实现企业的可持续发展和自身价值，就必须提高企业的信誉，诚信经营，遵守法律法规，提高自身的道德素养。对于企业家要加强积极的价值引导，更加重视思想引领、政治关心。在新时代，在思想上要鼓励我国企业家热爱祖国和人民，拥护

中国共产党的领导，积极践行社会主义核心价值观。企业要积极成为具有爱国精神、守法经营和奉献社会的典范，承担更大的社会责任，引领社会风气。政府还要以"遵守法律，坚守诚信"为重点，积极深入开展教育实践活动，引导企业家继承老一辈企业家的光荣传统。新时代企业家要承前启后，继续上一代企业家未完成的事业，努力实现新的任务和新的目标。在政治上要严格要求，只有在思想上和政治上照顾和关爱企业家这一群体，为企业家创业创造条件，才能让企业家的潜力迸发出来。

🍀 第六节　完善人才政策，提高企业家的知识能力素质

晋商的传统是，家族中最优秀子弟择业的第一选择是从商。晋商家族中最优秀人才的首选是做生意，而且晋商在用人方面能够发现不同员工的长处，在分配工作任务时能够人尽其才。晋商在这些优秀人才的带领下一步步发展壮大。优秀的人才对于企业发展是非常重要的。因为企业成功发展的关键在于人，所以只有高素质的人才才能促进企业高质量发展。目前我国一些企业面临人才资源不足的困境，究其原因主要是企业的人才晋升、薪酬、职位等问题无法解决。为了解决这些问题，政府必须继续优化人才政策，有效解决应聘者各方面的担忧，并鼓励有才华的人长期致力于企业的经营发展，同时注重培养企业领导者以人才为本的经营理念，培养具有高素质的企业家后备队伍。优秀的企业家必然是有知识的企业家，所以企业家必须加强企业经营管理和法律方面的学习，但由于企业家的文化素养和专业技能水平不同，相关政府部门应积极组织各种形式的企业业务管理培训，完善相关培训机制。选择培训内容时，应基于经营管理方面的多层次培训需求。在大力培养高素质民营企业家队伍的同时，也要重视培养高素质的企业员工。要大力培养企业研发人才、技术人才和高技能人才，使众多创业者成为高素质企业家。在这些高素质人才的带领下，我国经济必然会更加充分地释放动力和活力，实现高质量的新发展。

第六章　晋商优秀传统文化在山西省企业经营管理中的创造性转化

目前山西省企业在经营管理中存在很多问题。对于这些问题，应当对症下药，既要解决外部环境的不利影响，又要加强内部自身管理，从外部和内部两个层面进行治理。针对外部宏观环境的不利因素，山西省企业除了寄希望于政府的扶持外，也要积极努力，创造条件谋求发展。无论是法律法规不健全、融资环境不佳还是社会偏见，这种宏观环境看似无法改变，但企业如果能借鉴晋商文化的有益成果，从自身做起、从内部做起，努力壮大自身，在一定程度上也是可以改变这种不利的宏观环境的。当时晋商所处的环境远比今天山西省企业所面临的环境复杂，在封建社会"士农工商"严格的等级制度下，商人社会地位低下，而就是在如此艰难的情况下，晋商坚持了下来，而且一坚持就是500多年，晋商优秀传统文化值得当今山西省企业借鉴。

❀ 第一节　选择合理的企业形式

企业管理是建立在企业基础上的，企业形式最重要的两部分内容就是其资金形式和结构形式，抛开企业的资金和结构谈管理显然是无本之木。

一、建立人合性质的企业资金形式

晋商文化最核心的两个字是"信"和"义"。从晋商的资金形式看，它承担的是无限责任，这样的责任撑起了晋商文化的精髓。晋商早期的资金组织形式是独资制，自己的钱自己经营；随着规模的扩大，开始逐步过渡到合伙制，一部分合伙制是共同出资共同管理，另一部分是一方出资一方管理；到晋商成熟期时，合伙制逐渐演变为股俸制。股俸制是将商号所有资金平均分为若干份，一般几千两银子作为一俸，各股东按照自己的出资情况记账，以此来收取红利。① 股俸制使产权主体分散化，并产生了与之相适应的两权分离管理体制和利益分配机制，是现代股份制的雏形。晋商股俸制与现代股份制最大的不同在于承担风险与责任的问题，晋商承担的是无限连带责任，一旦商号出现亏损就要以全部家产相抵。晋商最终的衰亡与其承担的无限责任有着密切关系，但也应该看到承担无限责任在一定程度上为晋商的发展提供了较为雄厚的资本条件。

我国现代企业以有限责任公司和股份有限公司为主体，这两类市场主体均为资合企业，即以公司的资本和资产作为其信用基础，一旦公司资不抵债，仅以出资额为限承担责任。人合企业是与资合企业相对应的一类企业，即以股东个人信用为企业信用基础，一旦企业资不抵债，以股东所有财产承担责任。在我国最普遍的具有人合性质的企业就是普通合伙企业。从现代意义上讲，晋商的资金组织形式就是一种人合性质，企业与股东个人不可分离，股东的钱就是企业的钱，这逼得股东不得不时时刻刻为企业的发展而思考决策。这种以个人信用为公司信用的方式对于现代民营企业来说不失为一种很好的融资手段。②2013 年 12 月 28 日第十二届全国人民代表大会常务委员会第六次会议修正《中华人民共和国公司法》，明确将公司注册资本实缴登记制改为认缴登记制，取消验资环节，这使公司的性质从资合倾向于人合。尽管公司成立时认缴一定资本，注册为有限公司，以该注册资本为限承担责任，但当公司资不抵债破产清算时，如果不能拿出该认缴资本，势必会从股东个人财产中获取该笔资本以偿债，这就使有限公司具有了人合性。中国人做生意还是喜欢同人打交道，而不是冰冷的数字，试想在同等情况下，投资者对于一个注册资本为 100 万元的有限责任公司与一个承担无限连带责任的普通合伙企业的信心哪个更强？答案不言自明。因此，山西省企业在资金组织形式上要做好选择，结合行业特性来决定是采取有限责任形式还是无限责任形式。

二、建立共担风险的企业结构形式

晋商文化讲求协调，靠协调来化解风险。晋商在其成熟时期采用总分号制

---

① 张正明. 清代晋商的股俸制 [J]. 中国社会经济史研究，1989 (1)：39-43.
② 刘俊，刘建生. 从一批晋商契约析清代合伙经营 [J]. 中国社会经济史研究，2014 (1)：78-84.

与联号制并行的结构形式。总分号制是指，晋商商号均有一个总部，一般设在祁县、平遥、榆次等晋中地区，在全国其他城市设立分号。联号制是指同属于一个投资人的多家商号经营不同或相同的业务，最著名的就是"蔚"字五联号，即蔚泰厚、蔚丰厚、蔚盛长、新泰厚、天成亨五家票号，这五家票号设立时的股东都是介休富商侯荫昌。总号、分号内部机构设置基本一致，一般各商号人数不超过 10 人，具体分别设掌柜 1 人，分号掌柜由总号大掌柜任命并受其领导，全面负责分号的各项工作；账房 1 人，负责商号的账目及银钱出纳；文书 1 人，负责商号间的书信往来；跑街 2 ~ 6 人，负责了解市场信息、招揽生意。① 晋商商号的结构形式类似于现代的集团公司，子公司、分公司众多，涉足领域众多，既有横向部门又有纵向结构。晋商通过总号对分号的控制实现统一指挥，通过分号间的协作实现信息共享与风险规避，再通过联号实现商业覆盖，这样的结构成就了晋商的汇通天下。

组织结构是企业一个很重要的管理内容，组织结构设计要考虑的因素有很多，如外部环境变化、企业战略变动、技术进步、组织规模和生命周期的影响。组织结构从横向看，目前山西省各企业的设置大同小异，均配备了人力资源部、财务部、营销部、研发部等；从纵向看，组织层级的设置就大不一样了，大型企业的层级通常比较多，而中小企业普遍呈现扁平化趋势。组织结构设计的难点是要处理好集权与分权的关系。集权是保证组织统一指挥、统一行动的基础，而分权又是实现专业化分工、激励员工的重要手段；集权很容易而分权对于企业来说就比较困难。晋商在其发展的几百年间将集权发挥到极致，大掌柜拥有对商号管理的绝对权力，其决策不容置疑。然而随着外部世界的迅速变化，市场洞悉力不再敏锐在一定程度上导致了晋商的衰亡。因此山西省企业在组织结构设计时必须要学会合理分权、授权，这也是晋商留给后人的一个教训。

❀ 第二节　创新企业的管理模式

晋商优秀传统文化的一个重要内容是制度文化，其特点是具有创造性。在借鉴前人经营管理经验的基础上，晋商创造性地运用了许多管理制度，这种制

---

① 庞弘毅. 晋商企业组织形态变迁研究 ［D］. 北京：中国政法大学，2009.

度的新创造对于吸引人才、激励人才、留住人才起到了巨大的作用。

一、坚持两权分离的任用原则

晋商文化讲求"信"：既要诚信对待外部客户，又要信任内部员工。晋商在长期经商过程中，不断总结经验教训，管理制度也不断完善，其中最具创新意义和影响力的制度之一是经理负责制，其率先实现了所有权和管理权的分离。晋商企业的权利行使关系一般划分为四个层次：东家（出资人）、掌柜（职业经理人）、分号（分公司）经理、伙计（员工）。东家以信任托管的契约方式将财货资本授权掌柜全权经营。掌柜则以委托与代理方式将经营执行权授予不同行业的商号、分号经理及助手。商号、分号经理再按岗位职能的激励约束方式分别向伙计授权。其间的三层委托廓清了所有权与经营权的权能范围，突出了"出资人"与"经营者"的角色定位，其"分责共担"的职能界定十分清楚，"两权分离"的行权模式也非常彻底，出资人与经营者的双向制衡机制则贯穿经营周期的始终。《山西票号史料》中提到："将资本交付于管事（即大掌柜）一人，而管事于营业上一切事项，如何办理，财东均不闻问，既不预定方针于事前又不施其监督于事后，……管事在票庄内，有无上之权力，凡用人之标准，事业之进行，各伙友皆须听命于管事。""（财东）平素营业方针，一切措施，毫不过问。""票庄营业失败经济上损失之责任，全由财东负担，而管事不闻有赔偿之义务。"① 这种治理结构简约、顺畅、快捷、高效，治理成本低、运行效率高、人才培养快，为晋商大批职业经理人的成熟、成才和成功奠定了体制基础，再造了商业经营环境。诸如平遥开创日升昌百年汇业的经营大师雷履泰，榆次名动京师的金融天才贾继英，祁县领率大德通、大德恒票号数十年的金牌掌柜高钰、闫维藩，领庄多处而连创佳绩并为晋商筹组现代银行奔走京晋的高级职业经理人李宏龄，以及中国首家国外银行的缔造者申树楷等大师级精英人才，都是在晋商经营制度文化环境中脱颖而出的佼佼者。他们所经营的商业帝国，在中国近代商业史上留下了重要的文化痕迹。

1841 年 10 月，在美国马萨诸塞至纽约的铁路上发生火车相撞事故，造成近 20 人死亡。社会大众对铁路公司老板的管理工作表现出极大的不满与愤慨，后来铁路公司不得不进行改革，企业主交出了管理权，只拿红利，另聘有能力

---

① 黄鉴晖，等. 山西票号史料［M］. 太原：山西经济出版社，2002.

的人来担任公司管理者。这是西方历史上第一次将企业管理权与所有权进行分离，从此职业经理人作为一种新型事物开始出现，而职业经理人制度也开始被西方学术界广泛研究。目前山西省民营企业家族式管理的弊端越来越凸显，但让山西民营企业特别是家族企业交出管理权可谓难上加难。回头看晋商历史，当下随着职业经理人制度在我国越来越完善，可以说职业经理人制度是解决家族式管理弊端的最佳方法。

二、坚持长期激励的薪酬原则

随着企业资本制度建设的逐步推进，人力资本制度也应该加快建设。针对国企改制和民企建制实务操作中激励功能缺位而影响员工积极性的问题，借鉴晋商经营制度文化中顶身股制激励特点，多数企业均可设定人力资本股权制激励模式。企业需要以建立和完善现代企业产权制度、现代企业组织制度和现代企业管理制度为基本方向，以激励资源的有效配置与转换效率提高为主要途径，以吸收、凝聚和激活具有知识、技术和管理才能的优秀人才为战略目标。从企业创新创富实践中充分体现知识经济制度的先进性、合理性和时代性，进一步彰显晋商顶身股制经营制度文化对现代企业制度建设的借鉴意义。以与利益相关的激励兼容和风险分配机制推动企业的管理变革和战略转型。

晋商文化讲求协调各方利益，协调员工的利益与企业的利益，使二者能够实现共赢。晋商独创顶身股制度，即允许商号的掌柜和伙计按照贡献的大小将自己的劳动作为资本入股，与财东和各出资人的货币资本一起参与分配，而且身股"分赢不分亏"。现代员工持股计划最早于1952年由美国费泽尔公司推出，以期对员工和经理进行长期激励，减少委托代理成本。晋商早在100多年前就推出并实行了类似的制度。身股通常一厘起算，最高不超过一股，即十厘。具体分配办法则因人而异：对于大掌柜，通常是将身股明确写入合同中，一般不超过一股；对于分号掌柜、伙计，则由大掌柜考核并向财东推荐后确定，一般从一厘到七八厘不等。伙计在入号三个账期以上，工作勤奋，一般可以开始顶身股，每个账期按照其贡献可以增加一二厘，至一股为止。在《山西票号史料》中记载有太谷县志成信商号的一张合约，写道："今东伙共同议定明白，……字号仍系志成信，设立太谷城内西街，以发卖苏广丝绸杂货为生涯。共计正东名下本银三万四千两，按每二千两作为银股一俸，统共计银股十七俸。众伙身股，另列于后。……兹将人银俸股开列于后，计开：

　　员汝楫宅入本银一千两作为银股五厘

　　耍汝霖宅入本银四千两作为银股二俸

　　曹福善堂入本银二千两作为银股一俸

　　……

　　员尚德公顶身股一俸

　　员仑顶身股五厘

　　孔宪仁顶身股一俸

　　……

　　同治十二年（1873年）正月初一日

　　谷邑志成信公记"①

　　在票号最盛时期，票号一个账期一股可以分得 1.7 万两白银，顶一厘的普通员工就能拿到 1700 两白银，而一个七品知县的年俸仅有 45 两，所以才有民谚说："生子有才可做商，不羡七品空堂皇，好好写字打算盘，将来住上茶票庄。"② 由表 6-1 可知，能够顶身股的员工占到员工总数的 33.3%，商号员工的三分之一都可以顶到身股，这与现在各大企业仅有不到 10% 的员工可以持有公司股份的现状形成鲜明对比。不是所有员工都能够做到掌柜那一级别，晋商顶身股对普通员工的覆盖面之广使员工认为经过自己的努力是可以顶到身股的，通过勤勤恳恳、踏踏实实为商号做贡献是能够实现自身价值的，顶身股制度成为切切实实可以执行的制度，也为所有员工所认可和接受。由表 6-1 知，顶身股者占到能够拿到 70 两银子以上员工的 91.4%，高层管理者几乎都拿到了身股，这对于商号今后制定政策、贯彻执行政策都起到了积极作用，也对普通员工形成了强大的吸引力，激励其不断提高知识技能，以获得更高的职位，获取更多的身股。一股能分多少银子取决于商号整个账期的盈利能力，这就激励员工与掌柜把商号当作自己的店铺来尽心尽责地经营，极大地调动了员工的积极性。

---

① 黄鉴晖，等. 山西票号史料 [M]. 太原：山西经济出版社，2002.

② 陈啸，丰宝丽，甄珍，等. 晋商企业制度与经营管理 [M]. 北京：经济管理出版社，2008.

表 6-1 协成乾票号顶身股者与未顶身股者工资差别

项目	顶身股者				未顶身股者									
年工资数	100两	80两	70两	小计	100两	70两	60两	50两	40两	30两	20两	10两	10两以下	小计
人数	1	1	30	32	2	1	7	6	8	11	12	12	5	64

表 6-2 各票号银股、身股数统计

票号	年份	银股数	身股数	身股/银股
志成信	1873	17.0	6.00	35.30%
大德通	1889	20.0	9.70	48.50%
协成乾	1906	13.5	17.50	129.63%
大德通	1908	20.0	23.95	119.75%

从表 6-2 中可以看出，大德通票号的身股数是增加的，而银股数是不变的。晋商商号的身股与银股的比例不断提高，意味着在盈利固定的条件下，每股分红数量减少了，这对于原有的出资人（即银股持有者）是一种损害。而这些银股持有者通常是财东及其近亲属，按常理财东会严控身股，可事实上，晋商严格按照规定给予了员工身股，甚至身股总数超过银股总数也不得悔改。大德通在 1908 年账期分红时，每股分红为 1.7 万两，这意味着有将近 41 万两白银被掌柜、管事、伙计分走，但大德通的财东没有眼红，依旧坚定地执行了顶身股制度。

晋商通过顶身股制度实现了对员工和掌柜的长期激励，这与现代的股票期权理论相似。股票期权的收益来源于二级市场，不会增加企业成本，没有影响企业的现金流和扩大再生产；而顶身股制的收益直接来源于企业利润，激励成本较高。企业对于员工的激励，特别是长期激励是很重要的，对于解决目前山西省企业人才流失问题具有重要意义，当然，任何一种制度都不可能完美无缺，需要摸着石头过河。目前，上市公司受到《中华人民共和国证券法》《中华人民共和国公司法》等法律约束，对于自主实施股权激励计划有一定条件。未上市公司则完全可以探索一套适合公司发展的有效的长期激励体制，顶身股制不失为一种借鉴。任何一种管理制度都不可能尽善尽美，管理的创新也能够为企业带来巨大收益，无论是晋商的两权分离机制还是顶身股制，都是一种创新尝试，山西省企业应该发挥自身的特点，给予管理人员创新的权利，给予创新失败的机会，在全社会对改革充满宽容的环境下，敢于创新，敢于失败。

❀ 第三节 打造良好的企业文化

企业文化建设是一项不断推进、不断创新的系统工程。它需要时间，需要投入，需要决策管理者的超常理念和不同凡响的操作实践。文化建设作为企业管理的一项重大活动，重在其文化功能的科学应用。企业管理者需要通过企业文化建设，着重培养企业的学习意愿、学习能力，并在学习中致力于开发员工才智，开发新的企业资源，应对市场挑战，不断实现企业变革。通过把企业文化理念直接应用在企业经营管理运行的全过程，以文化因素在经营管理中的影响力和穿透力，把经营管理的决策指令传输到位，进而转化为物质成果。以企业文化的整合能力和融合作用，形成企业和谐的环境氛围和敬业奉献的团队精神。这样既能在经营管理活动中有效地贯彻决策，又能使企业形成一个随时适应外部环境变化的有机体。从而依靠企业文化建设的整合功能和导向作用，树立独具特色的企业文化品牌。企业文化不是简单的、枯燥的政治说教，它是一种无形而具有凝聚力和冲击力的核心竞争力量。企业文化建设的主体是企业员工，企业文化的逐步完善和提高有赖于全体员工的共同努力。

一、树立同舟共济的群体意识

晋商文化讲求同舟共济，讲求义在利前。清初，朝廷对西北地区用兵。清军进入草原深处之后，军粮供应发生困难。此时，一个叫范毓馪的山西商人通过变卖家产、游说同乡、同其他商号合作，主动将供应军粮之事接下。《清史稿》中说他"辗转沙漠万里，不劳官吏，不扰闾阎，克期必至，省国费亿万计"①。作为酬劳，朝廷把与西北游牧民族贸易的特权交给了以范家为首的山西商人，而在此之前，朝廷是严禁汉人进入草原和牧民进行贸易的。从此晋商打开了与西北游牧民族的贸易之门，并开辟了继丝绸之路后的第二条欧亚贸易通道——茶叶之路。清光绪年间，东北地区发生一起挤兑风波，人们纷纷到乔、渠两家的票号要求兑换现银，乔、渠两家难以应对。东北是太谷曹家的发迹地，商业根基牢固，商业信誉非常好，于是乔、渠两家登门拜访，恳请曹家

---

① 北京三多堂影视广告有限公司. 晋商［M］. 上海：汉语大词典出版社，2004.

帮忙。曹家公开宣布自家各票号均可代乔、渠两家兑付现银。至此挤兑风波逐渐平息，乔、渠两家在曹家的帮助下最终渡过难关。① 直到今天，从一座座矗立在中华大地上的晋商会馆、山陕会馆依稀可以看到当年"天下晋商是一家"的影子。晋商崇拜关公，正是关公的同人重义、大义凛然的品质将游走在各地的晋商汇聚到一起，从晋商现存的各地会馆中均可以看到关公的身影。由于历史、地理等因素，在外经商时，晋商除了内部互相关照之外，还会与一河之隔的陕西商人搭伴出行，由此，各地会馆常以"山陕"命名。汉口作为当时商人由南向北的必经之地，是水路接转陆路的交通枢纽，汇聚了众多山西商人。祁县巨兴和、巨兴隆献给汉口山陕会馆的楹联上就写到："溯奔流直接荆州试看吴魏山河空留片土，感旷世幸同梓里愿与家乡父老共拜灵旗。"意思是逆流而上到达荆州，看到孙吴曹魏当年的山河如今只剩一片土地；举世无双的关公幸好是我们山西同乡，愿与家乡父老共同参拜此神灵。此外，还有大量楹联描绘山西商人与陕西商人之间的友谊、联合，如"威震荆襄溯义烈光昭永钦圣德，谊联秦晋当春秋嘉会共荷神庥""泉府荷神庥万宝源流江汉永，枌乡隆祀典千秋强富晋秦多"。河南社旗山陕会馆大拜殿北金柱联写道："胜地居河山美轮美奂栋宇聿新佳结构，同仁联几席如兄如弟梓桑借叙好情怀。"大意是会馆建于名胜之地，富丽堂皇，同乡们坐在一起就要如亲兄弟一般。

晋商之所以称为晋商，并不是因为在明清时期出现了个别几家赫赫有名的山西商号，而是因为山西人在外做生意的非常多，基于地缘纽带关系自发组成了一个商帮，被统一称为晋商。现代山西企业要想改变对自己的不利环境，一个人、两个人，一个企业、两个企业的努力是不可能实现的，唯有像晋商那样做到同人重义、同舟共济。

山西中小企业所承担的业务通常是大企业的外包项目，经过层层分包、转包，中小企业可以赚取的利润变得很低。中小企业难以拿到大订单的首要原因是资金、规模太小。像晋商这样以地缘关系为纽带而建立的联合体，一方面扩大了知名度，另一方面能够很好地抵御商业风险。山西中小企业要想扩大自己的影响力和竞争力，就必须建立一种联系，或者基于行业的，或者基于地域的、人际的等，只有联合才能赢得竞争。现实中江浙等地许多中小企业开始慢慢尝试这样的联合，在政府牵头下，许多中小企业已经能够联合起来一起做校园招聘方面工作，这是一种很好的尝试。山西大型民营企业在与外资企业、大

---

① 薛勇民. 走向晋商文化的深处：晋商伦理的当代阐释 [M]. 北京：人民出版社，2013.

型国有企业竞争时，往往在技术、管理、资金上有所不足，但其创新动力极强，通过联合，山西大型民营企业完全有可能利用优势弥补不足。山西民营企业在互相竞争时，无论是大中型企业还是小微企业，目前有一个通病：一旦竞争对手经营出现困难，"墙倒众人推"的情形势必发生，而且不把对手置于破产决不罢休。很多企业将同行完全视为对手，同行之间是纯粹竞争的、你死我活的关系，能像明清晋商那样同舟共济、同人重义的很少。现代山西企业还是应当有晋商那样的群体意识，山西省的行业协会也应该充分发挥作用。互帮互助、同舟共济的宣传效果远比趁火打劫、落井下石要好，帮助一个竞争对手渡过难关的宣传效果也远比打压毁灭一个竞争对手要好。山西省企业必须寻找一种能够将自身企业与其他企业相联合的纽带，企业之间要能够互帮互助，以此来获得竞争优势，扩大影响力和知名度，进而才有可能改变社会、个人对山西企业的看法，改变不利环境。

二、树立信誉为本的经营意识

诚信是晋商文化的精髓。祁县乔家大德兴茶庄号规规定："两山采办砖茶，务宜拣好买到，押工齐楚，押砖总要瓷实，洒面均匀，以期到两口不受买主之挑拨。"① 正是因为在制茶各个环节的严格规定，绝不掺杂掺假、缺斤短两、质量好、信誉好的大德兴茶叶成为茶叶之路上的著名品牌。"六必居"迄今已有400多年的历史，以生产面酱、酱菜出名。制作面酱的原材料均有固定的产地，制作工艺有一套严格的流程，这种以质量为本的观念本质上就是以信誉为本，正是这无可挑剔的质量造就了"六必居"历经数百年而不衰的光荣。1900年，八国联军攻占北京，北京城中许多王公贵戚、豪门望族都随着慈禧、光绪帝逃往西安。由于仓皇而逃，他们甚至来不及收拾家中的金银细软，随身携带的只有山西票号的存折，一到山西，他们纷纷跑到票号兑换银两。山西票号在这次战乱中损失惨重，其设在北京的分号不但银子被劫掠一空，连账簿也被付之一炬。100多家山西票号恪守信誉为本的经营理念，只要储户拿出存银的折子，不管银两数目多大，票号一律立刻兑现，多数票号将窖藏银子全部提取予以积极兑换。② 战乱过后，当晋商在北京的分号重新开业时，不但普通百

① 黄鉴晖. 明清山西商人研究［M］. 太原：山西经济出版社，2002.
② 薛勇民. 走向晋商文化的深处：晋商伦理的当代阐释［M］. 北京：人民出版社，2013.

姓纷纷将积蓄放心大胆地存入票号，朝廷也将大笔官银交给票号汇兑、收存。在众多史料中可以看到晋商的诚信之本。如《清朝续文献通考》称："山右巨商，所立票号，法至精密，人尤敦朴，信用最著。"李宏龄在《山西票商成败记》中称："洋行售货，首推票商银券最足可信，分庄遍于通国，名誉著于全球。"① 晋商大院中也随处可见其信誉之道。如平遥雷家故居南厅联："货殖高贤义为本，渔盐大隐诚作根。"意思是道德高尚的人做生意总是以义为本，在生意上能不计利禄的人总是以诚信为根本。灵石王家大院缥缃居西门联："立德仁义礼智信，处事天地君亲师。"大意是树立道德，一定要以仁义礼智信"五常"为行为标准；处理事情，一定要维护天地君亲师"五尊"的崇高地位。树德院正厅联："耕读渔樵不要人夸好颜色，孝悌忠信只留清气满乾坤。"意思是耕种、读书、打渔、砍柴，这些事不需要别人称赞；孝敬父母，尊敬师长，忠实诚信地做人，留得清白风范。松竹院正窑廊联："善行孝义不欺天不欺人不欺自己，无忘仁慈须顾礼须顾信须顾先德。"意思是要好好地践行孝顺和正义，不违背苍天，不欺骗他人，不欺骗自己；不忘记以仁爱慈善为怀，要顾全礼义，顾全信誉，顾全先祖的德行。榆次常家大院养和堂石半亭联："处事近厚纤毫必尝为信，存心诚实时刻不易乃忠。"意思是处理事务要近乎宽厚，哪怕是最细微处也必须信实不欺；居心要诚实，一时一刻不要改变，这就是忠诚。晋商正是通过诚信一点一点积累声誉，最终成就了辉煌的商业帝国。

山西民营企业商业声誉一般。由于民营企业通常生命周期短，所以其倾向于各种短期行为，能多赚一分是一分；然而，山西民营企业又大多涉足的是关系老百姓切身利益的行业，如服装、食品、餐饮等，一旦信誉受损，后果往往是毁灭性的。从"苏丹红事件"，到"瘦肉精事件""地沟油事件""塑化剂事件"，食品安全问题频发，各地政府越来越关注食品安全，严打严惩食品安全问题。目前，山西民营企业越来越深刻地认识到信誉的重要性，但在做法上还是有所欠缺。结合晋商的成功经验，信誉的根本和基础就是质量，只有踏踏实实做质量，才能真正做出品牌和信誉。

山西企业要做到以质量为中心，最根本的是要在全企业树立以质量为本、以信誉为本的经营理念。具体来说就是要做到：第一，从原材料的收购、运输、存储到生产、制作、包装再到销售的全过程的质量监督控制。第二，质量不仅是质量监督管理部门的职责，更是企业各个部门都要参与和加强的，要严

---

① 李燧，李宏龄. 晋游日记·同舟忠告·山西票商成败记 [M]. 太原：山西经济出版社，2003.

格按照企业制定的标准和规定流程生产。另外，山西大型企业特别是集团公司，必须做好子公司、分公司的质量监督工作，往往这些子公司、分公司规模较小，投机行为较多，而其一旦被发现曝光，损害的则是整个集团的声誉和品牌。第三，要全体员工都参与到对质量的追求和监督上来，畅通监督渠道，对于违反企业生产规定的行为设立员工快速上报的通道。第四，要建立责任追究机制，对于产品出现的问题能够追根溯源，找到出问题的具体环节，加强改进。金无足赤，人无完人，企业也是，任何一个企业都不可能百分之百保证不出问题，但是企业一定要加强管理，严格执行，好的过程才有可能产生好的结果。而一旦出现质量问题，企业必须有一套完整的应急措施，果断调查处理，及时发布消息，正确对待并消除消费者的质疑，积极配合政府有关部门的调查，维护企业良好形象。

三、树立汇通天下的战略意识

晋商优秀传统文化强调艰苦创业、积极发展。晋商所有商号都经历了从小到大、由弱到强的过程。祁县乔家在乔致庸主持期间，在包头首先开设了复盛西典当铺，接着开设了复盛兴粮油店，与原有的复盛公、复盛全老字号共同发展；在祁县城开设了大德诚、大德兴、大德通、大德恒等商号，经营业务从最初的米、面、粮、油拓展到茶叶、典当、钱庄、票号，形成了庞大的商业帝国。乔家大院的宅院联写道："积德为本续先世之流风心存继往，凌云立志振后起之家声意在开来。"意思是要乔家子孙继承以德为本的家风，树立凌云壮志，继往开来。茶叶贸易是晋商发展壮大的重要途径，特别是由福建武夷山水路运输经汉口上岸改为陆运，后经山西中部到达张家口，再分别转运到库伦和中俄边境口岸恰克图的这条万里茶叶之路，见证了晋商的宏图伟业。《山西外贸志》载："在恰克图从事对俄贸易众多的山西商号中，经营最长、历史规模最大者，首推榆次车辋常家。常氏一门从乾隆到宣统，沿袭一百五十多年。尤其在晚清，在恰克图十数个较大商号中，常氏一门独占其四，堪称清代晋商中外贸世家。"票号生意是晋商生意的辉煌顶峰。票号最初由平遥日升昌独创，后来逐渐扩展扩张，在中国各大城市开设分号，甚至在国外也设立分支机构：祁县合盛元票号于1907年在日本神户、东京、横滨、大阪开设分支机构，平遥的永泰裕票号在印度加尔各答开设分号。《山西旧志》提到："票商，始于汾之平遥，厥后祁、太人乃仿为之。其业者眼光极大，所定法律亦善。是以初年仅日升昌等一二家，今则二十余家，而小票号尚不在其中，遍中国无不有分庄，近年且蔓延于外国焉。"① 晋商从最开始的织席贩屦到后来的富可敌国，无不是有长远的发展眼光。通过票号，晋商真正做到了汇通天下。

企业战略被视为一种推动企业不断进步发展的隐形动力，正是这种不可见性使企业对于企业发展战略有截然不同的态度。山西一些已经较有规模的企业很重视战略管理，有明确的发展目标和方向，能够认真分析企业所处的内外环境和自我优劣势，适时调整企业战略。但更多的山西中小企业则是一种"走一步，看一步"的状态，中小企业将注意力集中在企业的生存上，表现在企业操作层面就是拼命拉订单。企业在成立之初，大搞战略管理显然是不现实的，但是一定要有一种战略意识，要善于抓住机会趁势而上，决不能畏手畏脚、徘徊不前。在经过成立初期的艰难后，步入成长期就必须稳妥地推进企业的战略管理。在成长期，企业要特别注意对成本领先战略、差异化战略和集中一点战略的运用。山西省企业要结合自身所处的行业以及自身特点，利用现代战略分析工具，合理制定战略，自上而下做好战略的贯彻落实工作并及时反馈。成熟期的企业由于有较为稳定的市场和雄厚的资金，在战略上通常趋向于选择多元化发展战略。晋商在发展壮大后，也逐步实行了现代管理的多元化战略。山西成熟期的企业普遍认为多元化战略必将提升企业的规模，分散、降低企业的风险，殊不知多元化战略也往往会把企业推向危险的境地。企业实行多元化战略后，通常在新涉足的行业领域一定时间内是无法盈利的，亏损成为常态，此时一旦遭遇行业政策或者外部环境的不利变化，企业考虑到前期的投资不会果断撤出，这无疑会使企业陷在某个泥潭中无法脱离，给企业带来巨大灾难。同时，企业实施多元化战略，分公司、子公司纷纷成立，但其名称前一定冠有相同的称谓。一方面，这会导致有限的资源被摊薄，企业的原有强势被削弱；另一方面，各单位管理水平、盈利水平参差不齐，特别是当某一单位出现比较严重的问题时，公众的目光通常会盯在总部上，从而给企业带来巨大危机。多元化战略是一把双刃剑，山西企业必须审时度势，谨慎使用。

---

① 王勇红. 明清时期太原帮商人经营的行业 [M]. 太原：山西人民出版社，2009.

🌸 第四节 建设良好的企业形象

企业形象是社会对企业整体的印象和评议，企业形象是企业精神的一种外在表现形式。企业形象塑造与企业发展关系密切。企业形象不仅反映了企业的内在素质，而且通过环境对企业内在素质发挥强大的影响力。如果企业有一个好的形象，那么企业的经营发展就会强化，经济实力就会加强，员工士气也会得到激励。反之，企业形象不佳会给企业带来巨大的损失。晋商在当时的社会条件下，特别是在票号成立后，能够得到老百姓的认可和支持，是因为晋商在树立自身形象上表现出空前的积极性和有效性。

一、勇敢担当社会责任

晋商文化源自儒家文化。儒家讲求"穷则独善其身，达则兼济天下"，晋商文化在社会责任担当上表现出大义凛然的一面。山西自古以来土地贫瘠、人口众多，一遇灾年往往饿殍遍野。山西又处在汉族与游牧民族的交界地带，战争频繁。正是这样的天灾人祸使山西人不得不背井离乡，寻求一条谋生之路，也正是这样的环境逼着山西人开始走西口，开始经商。面对一路的艰难困苦，特别是土匪的劫杀夺掠，一些人侥幸到达包头，慢慢发展，逐步积攒下一份家业，但更多的人死在了这条路上。晋商在发展壮大后，不忘当初的艰辛不易，对于老百姓有了一份担当。晋商的赈灾义举在山西的地方县志中记载很多。光绪三年（1877 年）山西遭遇历史罕见的大旱，庄稼颗粒无收，晋商展现出空前的赈灾力度。在平遥"富户一百六七十家和城乡当商票号钱行各铺户，共捐银二十二万多两，制钱接近三万串。栖留所二处，男所一百四十余口，女所二千八百余口，收养幼孩七处，收至一千六百八十九口"①。介休富商侯荫昌捐银一万两，祁县巨富乔致庸一人捐银三万六千两，平遥李氏家族共捐银五万五千两。为富不仁的情形在晋商中极为罕见。晋商在赈灾的态度上是毋庸置疑的，在赈灾的方式上也体现出对普通人的尊重。榆次常家在赈灾上通常采用以工代赈的方式，常家在灾年捐银三万两后，又耗资三万两修建戏楼，附近的乡

---

① 赵俊明. 明清晋商赈灾义举及其启示［M］. 太原：山西人民出版社，2009.

民只要能搬动一块砖一块瓦就可以管一顿饭，灾害持续了三年，常家的戏楼修建了三年。晋商的这种社会责任感既有其儒家教育理念的长期熏陶，也是出于保护自己利益的考虑。在当时的社会条件下，一旦饥民闹事，政府是无力管辖的，单纯靠几个护卫是挡不住灾民的，与其被灾民冲击还不如主动赈灾，在灾年赢得乡亲们的赞誉，也就在丰收之年拿到了乡亲们的钱粮。山西素以煤铁资源丰富著称。清末，山西官府将阳泉、平定等地的煤矿采矿权卖给了英国公司，消息传出，震动了三晋大地。山西大学几千名学生举行了示威游行，进而引发太原万人大游行，英国公司迫于民众的压力，只得将煤矿归还，但其以政府违约为由提出了两百七十五万两白银的赔偿要求。当时，山西官府只能拿出一百五十万两，还差一百多万两白银，以祁县富商渠本翘为首的山西商人慷慨解囊，共筹白银得以补全缺口。① 在国家与民族危难之际，晋商在保矿运动中体现出极大的爱国情怀。到现在，灵石王家大院的敦厚宅南厅依旧挂着一副门联，上书："守东平王格言不外为善两字，遵司马公家训只在积德一端。"意思是操守东平王的格言不外乎为善两个字，遵循司马光家训在于积德。祁县乔家大院、灵石王家大院、榆次常家庄园等众多晋商大院为何能够在战火纷飞的年代以及后来的岁月中完整保存？这恐怕与其周济乡里、乐善好施、爱国爱民的品行是密不可分的。

　　企业社会责任是近年来国内外学者的一个重点研究内容。一些学者对于企业社会责任持反对态度，认为企业就应该以利润最大化为唯一目的，也只有以利润最大化为目的，企业才会不断寻求技术进步与创新、改进生产管理，也才能够真正实现所谓"企业社会责任"。同时，一些学者认为企业积极履行社会责任能够为企业带来巨大收益，企业社会责任应该成为企业的经营目标。通过回顾晋商，回顾历史，可以发现从来没有哪些合法经营的商号因为做慈善而倒闭的，相反这种慈善行为对于商号的现下与将来都产生了积极影响。企业社会责任有广义和狭义之分：广义的企业社会责任即对利益相关各方的责任，具体包括企业对员工个体的责任，对消费者、合作商等市场主体的责任和对政府、社区等公共环境的责任；狭义的企业社会责任则只包括对公共市场的责任，通常也被称为企业慈善行为。晋商文化最根本的就是讲求一个"义"字，说到底就是对员工、对同人、对民众、对国家要有正义和道义。企业社会责任的缺

① 刘蕊，张苏串. 企业社会责任在中国的早期雏形：晋商社会责任早期实践的探讨 [J]. 太原大学学报，2008（1）：42-44.

失也是企业难以扩大知名度和影响力的一个因素，企业社会责任绝不是一种负担，运用得当会是一种很好的宣传营销手段。企业社会责任从个人角度来说能够提高员工和消费者的忠诚度，奠定企业可持续发展的基础；从企业角度来说能够提升企业的知名度和影响力，对于树立良好企业形象具有重要作用；从社会角度来说能够建立良好的经营环境，营造良好的外部环境。广大山西省企业，特别是那些大型的、成功的、具有一定品牌影响力和知名度的企业，一定要正视企业社会责任的重要作用，对企业社会责任采取一种正确的态度。

二、凝聚升华企业家精神

企业家对于企业来说处于指引和领导地位，特别是在民营企业中，这种地位表现得更为明显；也正是这样特殊的地位，使企业家的品质、精神、价值观牢牢地嵌入企业中。企业文化也通常与企业家有着密切联系，企业文化的推广和深入从根本上要仰仗企业家的支持。在企业家精神究竟应该包括哪些内容的问题上学者们讨论得非常激烈，诸如创新、敬业、学习、认真、坚持、诚信等莫衷一是，但企业家精神的作用却为所有学者所认可。企业家精神对于处于创业期的企业在感知市场机会、整合资源上有着不可替代的作用，对于成长期的企业在战略管理、科技创新、规范经营上有着指引方向的作用，对于成熟期的企业在企业文化建设、员工关系管理上具有核心作用，对于衰退期的企业在凝聚人心、重振旗鼓上有着决定性的作用。西方学者对此经过了长久的研究，如熊彼特、德鲁克等一批经济学、管理学大师不断总结企业家精神的内涵和实质，最终西方学者一般认为企业家精神应该包括四个内容，即创新精神、冒险精神、创业精神和宽容精神。[①] 透过晋商文化，应当看到山西的企业家精神还必须具备正义精神。创新、冒险、创业、宽容能够帮助企业形成核心竞争力，帮助企业形成良好的内在精神动力，促进企业不断进步强大；正义则能帮助企业树立良好的外部形象和竞争环境。从目前山西企业的现状和境遇来说，企业的健康发展必将长时间依赖企业家的素质、能力，而企业家素质、能力的源泉又是企业家精神，企业家精神很好地整合企业的内外部资源，很好地凝聚企业力量，特别是在对人力资源的激励和鼓舞上有无可比拟的榜样作用，企业家精

---

① 王春和，魏长林，王胜洲，等. 中国民营企业可持续发展研究 [M]. 北京：中国经济出版社，2007.

神在一定程度上决定了山西企业的未来。

（一）坚持道义

晋商文化的核心是"义"，这个"义"是一种道德正义感，为晋商当家人所终生恪守。俗话说，慈不掌兵，义不掌财。但是透过现存的晋商大院，依稀可以见到当年晋商的"大义凛然"。榆次常家大院的慎和堂牌楼上有一副对联："芝兰生于深林不以无人而不芳，君子修其明德不为有欲而改节。"意思是芝兰香草生长在幽远茂密的树林里，不因为无人光顾就不发出香味；有道德的人修养其完美的德性，不因为有欲望而改变自己的节操。崞县（今山西省原平市）张氏传家联："子贡经商取利不忘义，孟轲传教欲富必先仁。"意思是要像子贡经商那样取利不忘义，像孟子育人那样想要富裕先要仁德。关于晋商祁县乔家乔致庸的战略眼光、经世济民的品质已有不少叙述，但要谈到乔家大院如何能保留至今，乔致庸的一段历史就不得不提。1900年八国联军入侵中国时，以严酷和极端排外著称的山西巡抚毓贤捕杀外国传教士多人。七个意大利修女从太原逃到祁县，乔致庸将她们藏到自家银库里，并用拉柴草的车将她们偷运出晋。意大利人奖励给乔家一面意大利国旗，正是这面意大利国旗使日本在侵华战争中没有对乔家大院进行破坏。[①] 乔致庸没有让狭隘的民族主义占据自己正义的心，冒着极大的风险给予与自己毫不相关的人无私帮助，他当然知道这次行为一旦被发现会得到怎样的后果，而且他肯定不会知道这次行为会挽救乔家几代人辛苦几百年创下的基业，但是他义无反顾地坚持了自己的正义。乔致庸的孙子乔映霞作为晋商乔家最后一位继承人继承了祖辈的精神。1930年中原大战爆发，当时阎锡山在山西发行了一种叫晋钞的纸币，随着阎锡山的失败，晋钞急剧贬值。大德通存款户以山西本省人居多，放款却多在省外，如果对存款户以晋钞支付，则大德通完全可以大赚一笔，但乔映霞没有这么做，他动用了全部积蓄以新币兑换给储户，百姓没有吃到晋钞贬值的亏，但本已陷入困境的大德通亏了30万两白银，至此大德通彻底衰落。两年后，有着80多年历史的大德通悄然倒闭。乔映霞曾对所有乔家财东、掌柜、伙计说，像大德通这样的票号即使倒闭了也不至于落得无衣无食的地步，而对于每一个储户来说，这却是其全部身家性命，一旦失去就是家破人亡，孰重孰轻，不言

---

① 莫休. 历史上那些巨商们［M］. 北京：北京航空航天大学出版社，2011.

自明。① 大德通再也没有复兴，但中华民族是懂得感恩的民族，晋商破产倒闭之时，百姓无力回天，但是百姓积极保护了乔家的宅院。

（二）积极作为

商业的成功离不开进取精神，只有拥有进取精神，人们才不会停止追求进步的步伐。所以晋商的成功也离不开山西商人的进取精神。在晋商发家致富的历程中，很多著名的代表人物和他们的故事都能体现出山西商人的这种精神。比如著名的山西太谷商人王相卿，他是大盛魁商号的创始人。虽然后来他家财万贯，但他在幼年的时候家里很穷，那时的他为了生存曾经在清军费扬古部干杂役，直到后来遇到了与他志同道合的人，他与山西祁县人张杰、史大学一起开始做生意。在做生意的过程中经历了千难万苦，在积极进取精神的支撑下渡过难关，创立了鼎鼎大名的大盛魁商号。雍正时期的大盛魁已经享誉中外。晋商的进取精神支撑着山西商人在重重困难面前负重前行。在晋商所处的时代，交通不便利，晋商为了做大生意，远走他乡，一路上凶险万分，但没有什么能够阻挡他们前进的步伐。晋商在自然环境恶劣、生命财产得不到保障的前提下仍义无反顾地踏上经商征程，积极进取是他们的唯一选择。

现今，虽然晋商的辉煌已经过去，但晋商的进取精神仍有重要的借鉴意义。现在中国特色社会主义进入新时代，在新时代背景下的山西省企业家也应该培养新时代的进取精神，赋予晋商进取精神新的含义。晋商的进取精神对培养新时代企业家的进取精神有两方面的启示。首先，市场经济的竞争非常激烈残酷，在这样的背景下企业家作为企业的领导者受到的压力可想而知。商场如战场，企业家在经营管理的过程中不可能一帆风顺，有时会遇到金融危机的影响。这时就要发扬晋商的进取精神，在遇到各种挫折、面对重大打击时，企业家要积极进取，不放弃，有从头再来的勇气。其次，新时代特别需要企业家具有一流的进取意识。企业家要抓住时代机遇，积极进取，敢闯敢拼。新时代企业家的进取精神就是要积极领导企业走上更大的国际市场。新时代的企业家要抓住新时期经济全球化发展的好机遇，要不断加强企业与其他企业的合作，争取领导企业创造出更大的价值。此外，新时代的山西省企业家还要积极争取在国际市场中担任重要主角，在不断发展自身的同时为世界提供方案和贡献智慧。总之，积极进取精神就是要求山西当代企业家不仅能够积极参与市场竞

① 张正明，张舒. 诚信晋商与信用太原的建设［M］. 太原：山西人民出版社，2009.

争，还能够树立积极乐观的人生态度。

（三）团结互助

晋商的成功还离不开同舟共济和团结一致的群体精神。他们既能团结一致共同白手起家，还能在发家致富后遇到困难同舟共济，不忘初心。晋商团结互助的群体精神，使晋商在遇到困难时增强了抵御风险的能力。晋商组建了会馆，用来加强和维系晋商之间的团结。虽然在晋商内部会因为一些利益问题出现分歧，但这并不影响晋商整体的团结。一旦面临外商欺负或者政府不公平对待，他们就会团结一心，共同维护晋商群体的利益。晋商团结互助的群体精神，实现了一加一大于二的成效，使晋商在商场上遇到困难时不致孤立无援。

晋商的同舟共济精神在商业发展历程中体现得淋漓尽致，回顾过去的历史，我们可以看到晋商人的团结。虽然明清时期团结一致的晋商已经成为过去，但在今天的社会主义市场经济中，团结互助又有了新的时代内涵。当前全面建设社会主义现代化国家，实现共同富裕目标要求我们发扬团结互助的精神。我国是社会主义国家，我们的目标是实现全体人民共同富裕，也就是要共同发展，共同发展的结果是让全体人民都富裕起来，而不只是少部分人富裕。为了实现共同富裕这一目标，我国通过实行一系列优惠政策鼓励和扶持一部分人和一部分地区先富起来，当他们富裕起来后再鼓励先进，帮助落后，让富裕起来的人和地区带动其他人和地区发展，这时就充分体现出团结互助的重要性。富裕起来的人要积极主动地充分发扬同舟共济、团结互助的精神，力所能及地为社会贡献自己的一份力量。山西省的企业家要将这种精神落到实处，不能光说不做，在帮扶过程中不仅可以提供资金和技术方面的支持，还要注重对经验的传授，授人以鱼和授人以渔相结合，使受帮扶者真正能够实现脱贫致富的目标，从而使全体人民早日实现共同富裕。中国的繁荣昌盛需要每一个中华儿女团结一致，共同努力。此外，新时代企业家的群体精神，还应该体现在山西省企业家积极加强企业彼此间合作方面，不断增强企业共同抵御风险的实力，共同抵抗在市场竞争过程中遇到的不公平待遇。

（四）爱岗敬业

晋商的敬业精神也受到人们的广泛称赞。敬业是事业成功的保障，晋商的敬业精神在商业实践中的具体表现是作风勤俭，这是许多山西商人都具有的好品质。山西的祖先们以勤俭来严格要求自己，而且把勤俭作为一笔宝贵的财富传给子孙，警告子孙只有勤俭才能守业兴业。晋商的勤俭不仅体现在创业阶段，即使在家财万贯之时也一直保留着这一传统。在晋商的观念中，学而优则商，所以在明清重农抑商的大背景下，晋商却以经商为荣。晋商热爱自己的职业，把商业作为自己的终身事业。因为敬业，所以晋商在经营中遇到任何困难，都能迎难而上，毫不退缩。在敬业精神的指引下，山西商人的事业由小做到大，最终成就了晋商事业的辉煌。

晋商的敬业精神对培养新时代山西省企业家的敬业精神有重要的借鉴意义。晋商的敬业精神符合社会主义核心价值观中的"敬业"价值理念，晋商的敬业精神对社会主义市场经济建设也有重要意义。继承晋商敬业精神，有助于企业家尊重自己从事的职业，让企业家把爱岗与敬业紧密结合起来，使其在自己的经营领域中取得更大的成就。今天，我们赋予敬业精神新的时代内涵，即工匠精神。在社会主义市场经济下，要大力培养山西省企业家的工匠精神。大力提倡和弘扬工匠精神可以为推动山西省经济转型升级提供动力源泉。从我国实现经济转型升级方面来看，要想实现中国从工业制造大国到制造强国的升级转变，就需要更多具有工匠精神的企业家和企业，只有企业成功转型才能实现中国工业的转型。新时代企业家的工匠精神，要求企业家在细节方面追求完美，不断提升产品的品质，用匠心打造精品，从而打造出高质量品牌，实现经济增长从量到质的新飞跃。山西省企业家要有追求卓越的精神境界，有把企业做大做强的信心，还要有把企业做成百年老店的智慧。山西省企业家要有做一流企业的信心，致力于推动中国智造、中国创造，使其不断走向世界舞台。在社会主义市场经济下，山西省企业家要让工匠精神成为生命的一部分，为实现山西省经济转型贡献自己的力量。

🌸 第五节 树立正确的价值观

每个企业都应拥有高尚的精神和正确的价值观，这样才能起到激励企业成员、推动企业兴旺发达的作用。

一、树立创新观念

晋商之所以能够在我国商界历史中称雄 500 多年，一个很重要的原因是山西商人在经营过程中拥有创新意识。晋商人的创新观念是晋商经营文化中很重要的一部分，对于晋商的成功发展起到了关键作用，而这也是晋商能够不断获得市场竞争优势的保证。在封建社会，人们的普遍观念是重农抑商，在这样的时代背景下，晋商率先彻底砸烂了封建观念的枷锁，把商放在首位，而且是学而优则商，他们通过经商成就了自己。晋商把创新观念带到工作中，率先做出很多大胆的事情，比如率先做边贸、率先争盐利、率先创立票号。在当时，山西商人首创了顶身股分配制度。在这种制度下，一方面员工有了主人翁意识；另一方面，培养了员工的责任感，让其有了归属感。这些都有利于企业的经营发展。

当今世界时时刻刻都在发生变化，在这种情况下企业应对变化的最好方式只能是不断创新。对现代山西企业来说，企业在经营中只有坚持创新才能保证不断发展而不被社会淘汰。因此，山西企业要想在激烈的市场竞争中生存发展下去，实现企业的长远发展，就必须时刻保持创新意识，大胆创新。在信息经济时代，所有山西企业都要根据环境的变化不断更新观念。在与时俱进的时代中找到自己的发展定位，这样就能抓住转瞬即逝的商机。在新时代，山西省企业的创新任务不能仅依赖专业的技术部门，而要鼓励所有员工参与到企业的创新中，激发企业的创新活力。同时，创新不仅仅是技术创新，企业必须建立适应现代市场机制的现代企业运营体系。必须以市场机制为主导，建立有效、动态的企业运营系统，建立适应企业发展的分配机制、管理机制和决策机制，以提高企业的运营效率，最终使企业在行业中脱颖而出。今天快速发展的市场经济和激烈竞争的市场环境决定了企业创新的重要性，创新使企业的发展目标和方向符合市场经济需求和社会发展要求。企业创新的重要性体现在，它是衡量企业能否在不断变化的市场环境中生存的重要基础，也是企业社会竞争力的重要体现。

二、树立任人为贤观

坚持"任人为贤"是晋商票号繁荣的保证。山西票号为招贤，往往不惜重金。而且晋商在任人唯贤的基础上，坚持发挥员工的优势，以免浪费人才。晋商在人才的使用上非常重视发挥每名员工的优势。对于那些具有经营战略和经营才能的人，总是派他们前往主要商业地区负责主持大局，担任经理或临时派往各处处理债务纠纷。对于在某一方面能力较强的员工，晋商的票号也可以做出合理的安排。如果员工善于交际，就让他负责经营中的业务方面。如果擅长写作，则让其处理文书等。晋商重视对普通员工的实际考察，即通过观察员工的行为了解其才能。如果店铺老板或经理希望某人做某事，则首先询问他做事的方法和策略，如果能得到自己的认可才会让他去办事，否则就会换其他人。这样，山西商铺的老板不仅可以有效、安全地经营店铺，而且可以了解每名员工的真正才能。通过真正考察每名员工的特征，为充分发挥员工才能奠定了基础。

在当前的经济背景下，企业的生存压力越来越大，企业之间的竞争也越来越激烈，人力资源的重要性凸显。人力资源是企业最重要的一项资源，也是企业生存和发展的一种核心力量。但是现在很多山西省中小企业在选择员工时，都会考虑照顾人情，导致在招聘过程中不能发掘出真正的人才。在对员工培养时还担心其将来有一日会跳槽到别的公司，所以既不重视员工业务素质的培训，也不重视其道德素质的培养。在一些领导岗位仅使用听话的"自己人"作为企业管理者，这不利于企业的长远发展。因此，山西省企业要完善人才评选制度，以道德水平作为人才评选的第一标准，同时考虑人才的各方面素质。尤其是企业在评选领导人时，必须把道德品质放在考核的第一位，选择德才兼备的领导人。此外，山西省企业还要建立基本的企业人才招聘制度，建立严格的选拔和晋升制度，以便挖掘出真正的人才。要充分发挥企业中优秀人才的创新能力和业务能力，确保优秀的人才能为企业创造出更大的商业价值。同时，重视企业人力资源部门，建立完善的人力资源管理体系，涉及人才的选拔、任用、晋升和培训。重视员工培训，增加员工培训的投资成本，建立合理的培训体系。新的管理模式提高了企业员工的综合素质，自然就会提高企业的生产率。建立激励机制和合理的奖惩制度，以调动企业员工的工作积极性。制定合理、科学的发展目标和管理计划，使员工对企业的工作和发展有清晰的了解，对企业具有强烈的认同感和参与感。建立严格的监督机制，切实执行企业规章制度和奖惩制度，坚持公平、公正、公开的原则，提高员工对企业的信任度。把接受企业正规培训作为员工入职的必修课，确保员工能够具备企业所需的技能，不断与时俱进。

三、树立胸怀天下的大格局

晋商眼光远大，胸怀天下，在经营中把世界作为自己的舞台，立志要把生意做到全世界。晋商为了将生意做大做强，不惜跋山涉水。在一些危险的自然环境下，在一望无际的沙漠和惊涛骇浪的大海上都能遇到山西商人。有人曾经评价晋商：只要有麻雀的地方就会有晋商。这一方面说明了晋商的经营范围广，另一方面说明了晋商的经营很成功。对于晋商的经商活动范围要做一下特别说明，在当时明清闭关锁国和重农抑商的时代大背景下，晋商的活动范围不只局限于国内的大江南北，他们还将商业贸易做到了整个亚洲地区，甚至已经将生意做到了欧洲。除了贸易活动范围广，晋商经营售卖的货物种类也很广泛，出售的商品既包括绸缎等高档货物，也包括普通生活用品。在晋商的经营努力下，中国商品不断走向世界，在这个过程中也让世界了解了中国。晋商商业版图不断扩大，积累了丰厚的资金，从而金融票号业渐渐地发展起来。在这些票号中最具代表性的就是日升昌票号。日升昌票号的成功建立具有重要的时代意义，它的出现标志着中国旧式银行业的兴起。"道光二十年（1840年），山西票号已在23个城市建立了35家分号。到清末，票号在全国95地共建475家分号。当时便有人指出："今山西钱贾，一家辄分十数铺，散布各省，会票出入，处处可通。"① 山西商人不仅做到各种商品货物通天下，还实现了汇通天下。

时代在前进，世界也在变化。新时代下我国需要不断增强综合国力，这就需要大量世界级的大企业，需要大批胸怀天下的企业家。企业的发展对于国民经济的发展至关重要，因为企业能创造出巨大的经济效益。企业家是企业的领导者和带头者，如果把商场比作战场，那么企业家就处在商战的第一线，他们的肩膀上担负着促进国家经济发展的重大责任。今天在经济全球化发展的大背景下，各国联系日益紧密，中国的市场成为世界的市场，世界的市场也是中国企业的市场，这对于山西企业家来说是一个巨大的机遇，所以山西省企业家的眼光不应该仅仅局限于省内、国内，更应该把目光投向世界。国内和国外的两大市场对于企业家来说就是两大丰富的资源，山西企业家可以在更大的国际市场上寻找商业机遇，不断提高企业的实力。企业家是否拥有胸怀天下的大格局，对于企业能否成功经营很重要，所以今天的山西企业家要积极树立胸怀天下的大格局，在积极引导企业走出去的过程中，还应该成为一名中华文化的传播者，要让更多国家和地区的人民通过中国制造和中国企业、中国企业家来了解中国、认识中国，最终达到认同中国的目的。优秀的企业家应该在一些国际

---

① 刘建生，刘鹏生，梁四宝，等. 晋商研究 [M]. 太原：山西人民出版社，2005.

大场合积极地宣传中华文化，起到传播者的作用，从而不断增强我国的国际影响力。山西企业家的胸怀天下格局还体现在识大体顾大局上。所谓识大体顾大局就是在经营活动中，在一些利益面前，当局部利益影响到整体利益（即当发展过程中企业的利益影响到人民大众的利益）时，要把国家的利益放在首位。在识大体顾大局的同时还要讲原则，在一些重大事情的原则上不能放松。山西企业家也应该有一双慧眼，能在纷繁复杂的环境中看清时代的主流，在遇到困难时能够分清主次矛盾，明确企业的发展方向。晋商的胸怀天下大格局，对于社会主义市场经济中的山西企业家来说，就是要在我国深化改革扩大开放的大背景下，抓住历史机遇积极走出去，走向国际市场，充分利用时代创造的历史机遇不断地让企业发展壮大，在这个过程中企业的经营发展都要从国家的总体利益出发，站在国家的高度想问题，从全局考虑，把增强国家的经济实力作为自己的责任，拥有远见卓识，让企业走得更远。总之，所有成功的商业都要从小事做起，新时代背景下的山西企业家要有胸怀天下的大局观，在仰望星空的同时还能脚踏实地，在企业经营过程中要根据省情、国情和民情制定企业的发展战略。

四、树立爱国爱民的大情怀

晋商在经营过程中能做到穷则独善其身，做好自己，而在功成名就之后也能做到兼济天下。明清晋商继承了我国古代爱国济民的优良传统，把爱国放在关乎民族大义的位置上。在儒家爱国思想的指引下，晋商家族中的大部分人在出人头地之后，都热衷于慈善事业，把挣到的钱财用到帮扶乡里上，即取之于民而用之于民。他们积极帮助发展当地的教育事业，修建了很多学校，让穷人的孩子也能够上学。对于国家，当国家遇到困难时晋商也能做到倾囊相助。晋商的这种爱国爱民情怀在促进当时山西教育发展的同时，也让人们对于晋商有了不一样的认识，使晋商获得了很高的商业信誉和很好的商业名声，受到了人们的赞扬。

爱国是每一个中华儿女都应具备的精神品质，在物质生活得到满足的时候我们更应该大力培养以爱国主义为核心的民族精神。晋商的忠义爱国品质为后代子孙树立了榜样，也提供了价值取向。今天，山西企业家应该怀着爱国之心，在面对金钱财富的时候立场坚定，不被各种诱惑迷住双眼；消除自私自利的行为，在复杂的环境中仍坚守初心；遇到任何事情都以国家和民族的利益为重。晋商爱国爱民的大情怀对于当代山西企业家来说就是要热爱祖国，关心民生问题，能够为社会的发展作出更大的贡献，继承伟大的爱国精神，为祖国的明天提供更好的力量保障。同时，山西企业家也要对祖国心怀感恩。当前我国经济社会不断发展，为各种经济主体的发展创造了前所未有的有利机遇和发展平台。在这样有利于企业发展的背景下，山西企业家要把爱国的精神发扬到实处，将其转化为实际行动，通过自身的不懈努力让企业实现进一步的发展，这才是爱国的实际表现。新时代的山西企业家还要坚定理想信念，加强使命感和自豪感，保持积极向上的精神气质，在改革发展中争当新时代的典范和中华民族的骄傲。总之，晋商爱国爱民的大情怀要求当代山西企业家在经营活动中把爱国作为前提，同时处理好义与利的问题，不唯利是图。山西企业家要把个人的理想目标和企业的发展放到中华民族伟大复兴的实践中，为新时代中国特色社会主义现代化建设贡献更大的力量。

五、树立奉献社会的大担当

晋商没有忘记在危难之时对他们伸出援手的人，在取得成功之后积极回报社会，为当地老百姓干了很多实事。晋商在老百姓遇到困难时总能出手相助，特别是在遇到自然灾害时。晋商的赈灾活动在山西的地方县志中有很多记载。比如，光绪三年（1877年），山西经历了百年不遇的干旱天气，导致庄稼颗粒无收，这时晋商展现出前所未有的救灾能力。

在社会主义市场经济下，新时代的山西企业家应积极发扬晋商奉献社会的大担当，积极地承担社会责任，促进经济发展和共同富裕目标的实现。值得一提的是，在实行改革开放以后，企业家是最先受惠的一部分人，也是受惠最多的一批人，他们在各级政府的关怀下最先发展起来。如果没有党的支持，他们不可能取得今天的成就。企业家是首先富裕起来的群体，是改革开放的受益者，所以，他们有责任也有义务奉献社会。所以当代山西企业家应该积极发展企业，为社会创造更多就业岗位，为国家和社会贡献自己的一份力量。山西省有许多优秀的企业家，他们都具备强烈的使命感和责任感，这些优秀的企业家致力于为国家和社会排忧解难，把让国家和社会变得更美好作为自己的奋斗目标。优秀的企业家要勇于承担责任，在促进企业健康发展的同时要承担起社会责任和国家责任。例如，在环保问题以及诸多社会问题上要与国家发展战略保持统一。在新时代背景下，使命感和责任担当精神已经成为优秀企业家不可或缺的重要精神，是新时代山西企业家需要具备和弘扬的优秀品质。发扬晋商奉献社会的精神也是当代山西企业家的一份责任，我们在继承晋商传统优秀文化的同时还要能够有所创造，为奉献精神在新时代下赋予新的内涵。

🍀 第六节　制定正确的经营战略

一、审时度势，抓住市场机会

在瞬息万变的市场竞争中，洞察变化，审察时势，抓住时机，才可能立于不败之地。山西祁县乔氏的复盛公商号之所以能在包头崛起，是因为清代乾隆初年，为了供应驻军所需粮草，专门开设了一家草料店铺，还开始向当地居民提供日常食品，后来发展成为包头最大的百货商店。山西太谷大盛魁的崛起也是如此。叛乱平息使边界稳定，也加强了各地区的经济联系，此时晋商看准机遇积极展开边境贸易，从中获利颇多。晋商充分利用该地区的有利条件，努力经营好汉族和北方游牧民族之间的商品交换，扩展自己的业务活动范围，探索西北、蒙古和中俄的商业贸易。清代晋商在蒙古的贸易，与俄国的贸易，促进了晋商的崛起，为他们在开辟更广阔的外贸渠道发挥了极其重要的作用。近年来，国际形势复杂而严峻，我国的对外贸易遇到一些西方国家的抵制。"一带一路"倡议将中国与共建国家联系起来，增加了对外贸易的机会和资源，给了许多山西企业发展对外贸易的机会，这有利于提高山西企业的对外贸易竞争力。这对于山西企业来说是一个很大的机遇。首先，"一带一路"共建国家和地区人口众多，有着巨大的市场和发展潜力，为山西企业提供了广阔的发展空间。其次，在"一带一路"倡议下，亚欧经济必然出现新的融合发展趋势，我国与共建国家在各方面的合作将进一步加深。"一带一路"倡议指明了中小企业国际化的方向。和平、发展、合作、共赢的理念，为山西中小企业发展提供了良好的国际环境①。在这样的国际背景下，山西企业应该积极抓住机遇，趁势而起，积极参与到国际竞争中。在走出去的过程中，不断提高企业的创新

---

① 毛钰涵，杨丽．"一带一路"倡议背景下我国中小企业发展分析［J］．现代商业，2019（31）：96-97.

力和竞争力，让企业做大做强。抓住机遇就相当于抓住了时代的脉搏，为企业的成功指明了发展方向。

二、重视收集、了解市场信息

晋商非常重视对市场信息的了解，他们通过多种渠道了解市场信息，从而可以在经营活动中及时采取有效的经营策略。例如，雍正五年（1727 年），清政府与沙俄政府签订《恰克图条约》，以恰克图为商品交换地，以此扩大贸易。留在库伦进行贸易的晋商首先有效且快捷地获得了信息，并参与了该地市场的建设。晋商目光敏锐，是基于对市场的准确预测。他们正是依靠信息发现市场商机，进一步开拓市场，占领市场。目光远大的晋商发现了国内外市场对茶叶的潜在需求，组成数十万茶叶销售队伍在茶道上来回奔走，从福建、浙江、两湖向东、西交易茶叶，销售到蒙古地区，还与俄罗斯商人签定合同。

市场信息就像企业的雷达，帮助企业选择正确的方向，做出正确的决策。山西省企业要想成为市场经济的主体，在激烈竞争中生存和发展，必须以市场为导向，以市场为基础，全面了解市场；必须了解消费者的偏好、心理和消费者行为；了解市场供求关系和价格趋势的变化；了解新材料、新工艺、新品种以及其他科学技术的进步因素。这些可以帮助企业根据市场信息正确判断市场状况，做出科学决策并按需生产。当企业获得信息后，它就掌握了市场经济变化的脉搏。现在是信息化时代，及时把握信息是企业正确决策的基础。所以，山西省企业在信息化时代要迅速把握最新市场信息，从众多信息中精选出最有价值的信息，根据这些信息最终做出决策。伴随着信息技术的进步，计算机在业务管理中的作用逐渐得到认可。实时数据收集和网络信息传输极大地提高了信息使用效率，大大缩短了决策时间，也加快了企业对环境变化的应急反应速度。

三、树立远大的商业追求

晋商拥有巨大财富的原因是眼光长远，拥有远大的商业追求。对于现在的山西企业来说，不仅要着眼于眼前利益，更要着眼于企业长期的发展。当代山西企业不仅应该学习晋商的经营方法，还应该学习晋商经营的世界观。晋商目光长远，使他们的商业版图不断扩大。

当今正处于经济全球化时代，山西企业在全球化经营中面临许多挑战，这对企业也是一个机会。随着科技、信息、资本在国际上的高速流动，全球的商业竞争更加激烈，市场竞争的游戏规则也在逐渐变化，而这些变化正在给山西企业的全球化带来机会。因此，当今山西企业要有远大的商业追求，在扩大发展的同时也要有国际性的眼光。山西企业应着眼于全球市场，采用国际化思维管理企业，提升企业管理水平，主动实施国际化发展战略。山西企业必须明确自身的优缺点，积极发挥自身长处；必须树立全球发展意识，树立一个国际定位，充分利用好国际市场和国内市场。山西企业既是中国的企业，也要努力成为世界的企业。

四、竞争中讲求和谐

晋商在经营过程中讲求和气生财。所谓和气，就是在做生意的过程中，对待顾客要态度和蔼，当顾客来到店铺时要主动热情地笑脸相迎。在对待同行时能够以和善的态度与之搞好关系。即便与利益冲突的同事也可以保持友好关系。在生活中，晋商与自己的员工也保持着和谐的关系。而在金钱利益面前仍能坚守义重利轻的态度。晋商的这些做法可以帮助他们避免一些人际交往中的矛盾。在晋商商号中，东家会告诫掌柜，摆正自己的位置，不要因为自己是掌柜就觉得自己与众不同，目中无人。同时东家也会换位思考，设身处地地为商铺的伙计着想。晋商能够积累大量财富与其和谐理念密不可分。

当今山西省企业在市场竞争中应讲求和谐，不要引起恶性竞争。在市场经济背景下，企业之间存在着密切的联系，不管是合作关系还是竞争关系，相互之间的共同利益越来越多，大多数企业都是一损俱损、一荣俱荣的关系。在这种情况下，山西各个企业应该加强联系，在竞争中开展合作，在合作中竞争，在企业之间进行良性竞争，在竞争中实现双赢。只有这样，才能实现长期发展并获得丰厚的利润。此外，山西企业还应该加强内部和谐，在企业内部建立和谐的人际关系，只有企业内部和谐，才能促进每名员工团结奋进，使企业呈现出欣欣向荣的景象。企业的和谐对于消费者来说，要求企业中的一切决定都要基于消费者的利益。在特殊情况下，山西企业要做到宁可暂时减少利润也要满足客户需求。在服务态度上，要及时、主动、热情、耐心，让顾客在消费中感受到山西企业的和谐。

❀ 第七节　建立健全并落实企业的管理制度

　　企业管理制度就是对企业的一系列工作进行有效管理的制度，这种制度是企业日常工作的准绳，也就是规章制度。企业管理制度是决定企业日后长远发展的关键。作为经济发展的主体，企业对一个国家的经济发展有十分重要的意义，通过生产与销售产生一定的经济利益，更好地推动整个社会的经济进步。企业想要实现更好的发展，实现更多的经济效益，就必须建立一套完整且健全的企业管理制度，有效规范企业和员工的各项工作。企业管理制度体现在企业管理层做各项决策与员工开展各项工作两个层面。从这两个层面入手，能够更加快速、准确地完善企业现行的各项管理制度，精准地提升企业的管理效果。晋商制度文化是晋商文化的重点内容。晋商财务制度虽然在当时的历史环境下具有实用性，但随着财务管理的实践发展已基本过时，对现代山西企业的借鉴意义不大。晋商制度文化的现代应用主要表现在人力资源管理上。当前山西企业在管理上面临的首要问题是人才匮乏。人才本就稀少，再加上较高的流动率，使人才流失相当严重。人才匮乏不仅是普通基层员工匮乏，也表现在中高层管理者以及企业领导者匮乏上。晋商的人员招聘、选拔有一套完整的机制，这对于解决现今山西企业人才匮乏问题具有重要的借鉴意义。

一、构建以能为先、恪守信义的企业接班人制度

　　任何一个想要长久发展的企业都会思考一个问题：企业的未来该交给谁。特别是对于山西的一些民营企业，这个问题非常重要。晋商文化中一个很重要的内容是家族文化。晋商商号一代一代地传续下去，绵延几百年，可见晋商商号的接班人计划是比较成功的。

　　晋商的接班人计划主要表现为对所有可继承人的培养和教育，之后视情况决定家族的接班人，即建立在血缘基础上的以能力而非长幼为原则的接班人选拔方式。介休范家的第三代接班人是三子范毓馪，祁县乔家的第二代接班人是二子乔全美，乔家的第四代接班人是三子乔景俨，这些例子都很好地说明了晋商立贤不立长的规矩。山西现代民营企业的资金组织形式通常是合伙制，或者是亲戚家族共同投资，或者是朋友间合作投资，在接班人的问题上可以借鉴晋

商的成功做法。

在所有可接班人的教育方面，晋商主要培养他们的品性。第一，职业理念。柳林县《杨氏家谱》中对教育后辈有精辟论述："天地生人，有一人莫不有一人之业，人生在世，生一日当尽一日之勤。业不可废，道唯一勤。功不妄练，贵专本业。本业者，其身所托之业也。假如侧身士林，则学为本业；寄迹田畴，则农为本业；置身曲艺，则工为本业；他如市尘贸易，鱼盐负贩，与挑担生理些小买卖，皆为商贾，则商贾即其本业。此其为业，虽云不一，……无论士为、农为、工为、商为，努力自强，无少偷安，则人力定可胜矣！安在今日贫族，且不为将来富矣！"① 晋商对后辈的这种职业理念教育使不少人摒弃了传统的"士农工商"理念，开始慢慢了解商业、投身商业；这与现在大部分山西民营企业主教育子女的方式有着巨大差别。一些山西民营企业主对商业没有摆脱固有的理念枷锁，还是希望子女能进入所谓"体制"内，端"铁饭碗"；而且大部分民营企业主也知道这条商路常常很艰难，他们不想让子女再吃这样的苦。没有了领路人，很多山西民营企业最后或者被收购或者陷入内乱。第二，读书精神。晋商在子女的教育上很重视读书，认为读书是修德最好的途径。在晋商大院里到处可以看到有关读书的楹联，如祁县乔家有"百年燕翼惟修德，万里鹏程在读书""诗书即未成名究竟人高品雅，修德不期获报自然梦稳心安""读书好经商好学好便好，创业难守成难知难不难"，太谷曹家有"忠孝两字传家国，诗书万卷教子孙""万卷藏书宜子弟，诸峰罗列似儿孙""闲来登山临水何其趣也，静以读书评画不亦乐乎"。晋商一代又一代接班人，以平等职业理念和一心读书精神为基础，在纷繁复杂、风云变幻的几百年间维持着各家商号的存续。

对接班人的培养，晋商还有一个重要的方面，就是对人的信任与控制能力的培养。由于晋商实行的是所有权与管理权分离的制度，晋商竭力给接班人奠定一种良好的基础，树立"用人不疑"的观念；同时培养接班人敏锐的观察力和个人领导力，以使其能够很好地控制掌柜。对于现代山西民营企业接班人的培养，如果企业实行家族制管理模式，就要将重点放在接班人的市场能力、综合素质培养上；如果企业实行现代法人治理模式，就要将重点放到接班人的控制力培养上。企业主是一个企业的领导者，指引着企业前进的方向，在很大程度上决定着企业的未来，培养合格的接班人是山西民营企业必须认真思考的

---

① 刘建生. 晋商精神传承与新晋商形象塑造［M］. 太原：山西人民出版社，2009.

重要内容。

二、构建定位准确、规则严密的招聘制度

晋商招聘员工从学徒开始。招聘原则有最重要的三条：第一，员工必须是本乡本土之人；第二，员工必须不能与财东有亲属关系；第三，员工必须有保荐人推荐和担保。[①]"使用同人，委之于事，……乃山西商号之通例。"同乡原则一方面能够对员工有一个知根知底的背景了解；另一方面能够很好地形成企业发展的向心力与凝聚力，保证人员队伍的相对稳定性和运营的安全性，实现"同事贵同乡，同乡贵同心，苟同心，乃能成事"[②]。避亲原则弱化了晋商内部的裙带关系，使晋商掌柜可以按照规定管理员工，尽量少地考虑人情世故的影响，实现员工的有序流动。"同人全须有股实商保，倘有越轨行为，保证人负完全责任。……倘保证人中途疲歇或撤保，应速另找，否则有停职之虞。"[③]保荐人原则要求保证人一方面是有名望、家境殷实之人，另一方面能够对员工的所作所为承担责任。也正是通过这样的原则，更加稳定了晋商的人才队伍，实现了同心同德。晋商商号的招聘流程与现代相差无几，有考试有测试，体现了其对人才招聘和选拔的重视。仅就其招聘的三条重要原则来说，争议很大，首先，招同乡人无疑会大大缩小人才覆盖面，无形中损失掉部分人才；其次，保荐人无疑会复杂企业内部的关系，裙带关系、小团体现象严重。任何一种制度都不可能完美，但晋商通过这三条重要招聘原则为商号招到了一代又一代人才，其中蕴含的道理值得现代山西企业思考借鉴。

现代山西企业招聘显然不能以地缘为由确定人才，也许晋商当年只是出于狭隘的地缘关系考虑，但这种制度确实找到了一批人才的特质——地缘，其客观上实现了吸引人才。就像在现实招聘中，一些企业会加入"211""985"院校等限制，在求职者看来在此范围外的人就算有再高的水平也存在"先天不足"，因此对于那些学校的毕业生本身就是一种很大的吸引与激励。现在几乎所有企业都知道营销定位，即并不是所有消费者都是企业的客户，必须对企业的目标客户群做出明确界定。招聘也是如此，并不是所有人才都适合山西企

---

① 张国栋. 晋商人力资源开发与管理的发掘与借鉴 [J]. 中国人力资源开发，2012（4）：93-96.
② 黄鉴晖，等. 山西票号史料 [M]. 太原：山西经济出版社，2002.
③ 陈啸，丰宝丽，甄珍，等. 晋商企业制度与经营管理 [M]. 北京：经济管理出版社，2008.

业，山西企业必须根据自身的实际情况和经验，不断总结哪些人才能够为企业发展做出贡献并乐于在企业打拼奋斗。山西企业要利用现有员工的数据，分析员工的心理，确定企业员工的特质，以这些特质为招聘原则，在招聘简章和宣讲会中明确提出企业对于人才的观念，提高招聘的针对性。

三、建立培养与使用并重的人才制度

山西企业在人才的管理上一个很重要的问题是重使用轻培养。培养就是要使员工在企业不断提高自己的能力和思想，使用确实也是培养的一种手段，但是使用一定要使员工有所收获而不是每天奔波于各类事务中无暇思考，无暇总结提升。晋商对于员工的培养和使用有自己的完整体系，当代山西企业应该取其所长。

晋商商号招聘从学徒开始，招到学徒后，要对学徒进行教育培训，一般以三年为限进行培养考察，到期决定是否留用，这称为晋商学徒制。对学徒的培养一般分为三个阶段：第一阶段是日常杂务训练。这期间，学徒首先要学会最基本的礼仪规范。《贸易须知》是晋商培养学徒的一本手册，里面记载："行者，务须平身垂手，望前看足而行……若獐头鼠目，东张西望，……急宜改之。立者，必须挺身稳立，沉重端严……坐者，务必平平正正，只坐半椅，鼻须对心……食者，必从容缓食，箸碗无声，菜须省俭……睡者，贵乎屈膝侧卧，闭目吻口，先睡心后睡目……"其次要学会各种杂事处理。"清晨起来，即扫地、掸柜、抹桌、擦椅、润笔、拎水、烧香、冲茶……""晚则写字，习记账，详记货品及价格，练习对于掌柜及顾客之仪容言语。"[1] 这个阶段大概要持续一年时间，就是要观察培养学徒的耐心、耐性，看其能否适应商号工作。第二阶段是业务训练。这期间，学徒首先要进行文化课学习，主要是练字和外语两方面内容，商号的每一个学徒都必须写一手非常漂亮的毛笔字并且要能够熟练用满语、蒙古语，以及俄语等语言与当地人交流；其次要进行业务课学习，主要是珠算和记账。第三阶段是跟随老员工实践。这个时期，学徒就可以跟着老员工到柜上学习做生意的技巧，一旦训练完成就可以成为正式伙计，派往各地分号工作。这三个阶段的培养有一条主线贯穿其中，那就是道德品质的教育和培养。晋商培养学徒顾客为本理念，"柜上生意要不论贫富，俱要一

---

[1] 侯海燕. 从贸易须知（炳记）看晋商的商业教育 [M]. 太原：山西人民出版社，2009.

样应酬，不可以别其好丑，貌视与人，但做生意的人，是有无大小，只要有钱问买卖物，……皆可交接"①；晋商培养学徒公平之念，"价钱俱要公道，秤要准，货色要剔选搭配"，"宁做一去百来之生意，不做一去不来之生意"②；晋商培养学徒平等之念，"做掌柜、大伙计者不可自抬身价，……你若自己尊贵，自夸其能，狂然自大，目中无人，众不但不服你，还要留下唾骂"，"教鲁钝者，止可慢慢管……切不可粗语笨语，非打即骂，狼头狼脑，所以店东伙计为使者，亦要有些涵养，有点爱惜"③。晋商对学徒培养的目的是，要其秉承晋商为人处世之道，实现"重信用，除虚伪，节情欲，敦品行，贵忠诚，鄙利己，奉博爱，薄嫉恨，喜辛苦，戒奢华"④。

晋商对学徒的培养，无论是写字、珠算还是记账，在现代看来就是在弥补教育的缺失。现代教育的发展使企业无须再在员工的基础知识、综合素质等教育领域的内容上进行培训了，但这并不意味着晋商的培训体系没有借鉴意义。现代人力资源管理理论认为，培训是留住员工的一种很好的方式，因为培训能产生效益，能提升员工。晋商通过培训教会了学徒以前不会的知识，提升了学徒的能力、素养，而且其每天都在进步，每天都有收获，这就是晋商学徒制培训虽然苛刻烦琐，却依然能够留住人才的原因。现代大多数山西企业的培训，几乎都是针对具体业务方面的培训，如企业对对外服务窗口部门进行的礼仪培训，在改进生产线后对操作部门人员进行的操作培训，对技术人员进行的知识更新学习与培训，这些培训都是以出现问题为前提，因此往往被员工认为是一种负担，而不是提升自我的培训。培训的直接目的是解决问题，而根本目的是提升员工，现代多数山西企业的培训已经将根本目的舍去了，培训仅仅为了解决问题。因此，山西企业一定要建立年度培训规划，要将提升员工和解决问题并重，重视员工的发展。晋商学徒制对现代山西企业最大的启示意义是，要在企业环节实现对员工文化的培训，即将企业文化渗透到企业的培训中。现代多数山西企业除了在新员工入职培训时可能涉及一点企业文化外，其他时候的培训很少涉及。文化是具有凝聚力和号召力的，山西企业一定要将企业文化理念贯穿在培训体系中，形成员工与企业的文化共识。

---

① 侯海燕. 从贸易须知（炳记）看晋商的商业教育 [M]. 太原：山西人民出版社，2009.
② 同①.
③ 同①.
④ 崔俊霞. 明清晋商"学而优则贾"价值取向探析 [J]. 经济问题，2014（11）：20-24.

学徒制基本上实现了对学徒的理论教育，最后将合格的学徒派往各个分号工作，以实践锻炼培养。外派工作时，晋商往往将学徒派往边远艰苦之地，之后再慢慢观察、提拔。一般晋商各商号均是将学徒先派往归化（今内蒙古呼和浩特）、库伦（今蒙古国首都乌兰巴托）、迪化（今新疆乌鲁木齐）等偏远之地，之后调往苏州、汉口、张家口等较大城市分号，最后调往北京、太原分号直至总号。晋商认为这样的培养道路是有益于人才的成长的。《贸易须知》里也说："与子弟学生意者，切莫先送入大店。大店内本钱是大的，生意是大的，气概是大的，眼眶是大的，穿的是绸缎，吃的是美味，如此排场难免嫖赌，将以上行为日趋看在眼里，日久成风，岂不误却终生……但有子弟，必须先送在小店里学生意，而小店虽则本小，但为事俱系寸金步子，论穿着，不过布单衣服，论吃者，不过粗茶淡饭，银钱细算，分文厘毫不肯费用，只讲勤俭，并不奢华，寻常日用必需，就若居家一样，况而烧锅煮饭，上门下门，他既受过这般苦楚，见这等行为，就晓得银钱非容易寻，亦知当家过日，但人情物理，些微明白，如果生意学成有六七分，然后再入大店，自此事务明白，则不肯妄为，而说问渐高，见识渐远，为人毕竟超群。"① 晋商在外派员工的同时，也执行轮换制。晋商商号工作大致可以分为两类：其一为内务人员，主要负责商号内部事务，如文书、账房；其二为外事人员，主要负责商号与主顾间的事务，如跑街。内务人员常常抱怨纪律太严，稍有不慎就会出错；而外事人员常常抱怨生意难做，要看人脸色。为解决这一问题，晋商普遍采用到固定时间双方互换岗位的制度来让员工深刻体验对方的工作，既消除了隔阂又实现了全面培养人才的目的。从员工晋升角度讲，"一旦升为领袖，如仅学得片面知识，设遇不屑同事，欺尔不明，易于发生倒账诈取各弊。未内外明白，不能防范未然"②。再者"市面情形，因地而异，老游于此，彼庄之事，未必详明，故有一班而调任数处，或一处一班而不克续班之例，意在号上之人对各地情形均知底细，设有一庄领袖另有调用，别位前往接替，下马便可伸手做事，并可防杜同人弊端"③。晋商通过外派制与轮换制，实现了商号人才的培养和储备，也提升了商号的活力。培训的效果如何只有在使用中才能发现，而使用也是一种很好的培训方式。当代山西企业在单纯培训上无法给予员工成长机会时，不妨

① 侯海燕. 从贸易须知（炳记）看晋商的商业教育［M］. 太原：山西人民出版社，2009.
② 同①.
③ 同①.

学习晋商的外派制与轮换制，给予员工新的锻炼和考验，在实践中促进其成长发展。

四、严格贯彻执行各项管理制度

最容易伤害员工感情的事情就是不公平。虽然世界上没有绝对的公平，但程序的公平是企业必须做到的。晋商在员工关系管理上做得最好的一点就是万事均有制度保障，制度是保证公平最好的方式。晋商不光有创新制度的能力，更有执行制度的坚持。晋商号规对号内人员无论是学徒、掌柜还是财东都有铁一般的纪律要求，更难能可贵的是这些号规对所有员工公开，以此指导员工行动，维护组织内部统一。为能详细了解晋商的号规，特意摘抄几则大德通票号1884 年时的号规以明事理：

"一议：新事招牌，起为大德通，里外一切账簿，齐今年正月初一日起，务将账皮各为注明。至于外边出名，无论茶业、票业，皆是以大德通招牌，以图永远。

一议：各码头凡诸物钱盘、买空卖空诸事，大干号禁，倘有犯者，立刻出号。遇景逢情，囤积些实项货物，预与祁铺达信，请示可行与否，遵祁信办理，不得擅自举办。违者无论有利无利，按犯号规重罚不贷。

一议：勿论何路码头人位，吃食鸦片，本干号禁。

一议：各码头地方，难免有赌钱之风，坏品失节，乱规误事。不管平时过节，铺里铺外，老少人等，一概不准，犯者出铺。

一议：各码头人位，设遇因亲或家政有要事者，总领酌夺，顶下班回祁者，脚费俱系公出。

一议：勿论何路码头人位，凡为总领者每月拨给衣资银二两，副班者每月一两。惟初学生意者，五年以内，每月五钱；五年以外，照副班同行。皆是以从祁动身之日起，回祁之日止，由祁一次拨给。

一议：各处人位，皆取和衷为贵。在上位者固宜宽容爱护，慎勿偏袒；在下位者亦当体量自重，无得放肆。倘有不公不法之徒，不可朦胧含糊，外请者就便开销；由祁请用者，即早着令下班回祁出号。珍之，重之。"①

企业因为实力不同，往往在待遇上差距比较大，影响吸引和留住人才，但

---

① 黄鉴晖. 明清山西商人研究［M］. 太原：山西经济出版社，2002.

是每个企业都可以做到在感情上不伤害员工，而维护感情最好的方式就是按制度办事。晋商将各项制度全部向员工明确告知并写入号规，从程序上保证了公平公正，对于员工有很好的导向作用。当前很多山西企业对员工的管理表现得非常不规范，而这种不规范往往很容易在薪资、晋升上给员工带来不公平感，挫伤员工的积极性。员工选择到这个企业工作，或者看重企业的发展前景，或者看重企业的高效，总之，他们是希望能够在这个企业一展才华的。但是，当前很多山西企业要么根本没有管理制度，要么有制度执行不下去，这样的情形严重影响了员工的积极性。晋商所采用的管理方式很专制，掌柜说怎么办就怎么办，最终结果由掌柜负责，这样的管理方式有利有弊，但晋商人才源源不断。现在看来，晋商的管理制度都是白纸黑字写在号规里的，所有人都能够看到，这使员工踏实并有奋斗方向。无论是什么样的管理方式，当代的山西企业必须将其以制度的方式固定并落实下来，给员工一个明确的信号：企业非个体工商户，企业有明确的职业发展路径，在这里工作可以实现自身价值。

参考文献

一、著作类

[1]　孔祥毅.晋商学[M].北京:经济科学出版社,2008.

[2]　穆雯瑛.晋商史料研究[M].太原:山西人民出版社,2001.

[3]　李燧,李宏龄.晋游日记·同舟忠告·山西票商成败记[M].太原:山西经济出版社,2003.

[4]　黄鉴晖.晋商经营之道[M].太原:山西经济出版社,2001.

[5]　刘建生,刘鹏生,梁四宝,等.晋商研究[M].太原:山西人民出版社,2005.

[6]　郭建庆.中国文化概述[M].上海:上海交通大学出版社,2005.

[7]　谢肇淛.五杂俎:上[M].呼和浩特:远方出版社,2005.

[8]　范文澜.中国通史简编[M].北京:人民出版社,1953.

[9]　柴继光,李希堂,李竹林.晋盐文化述要[M].太原:山西人民出版社,1993.

[10]　张正明,马伟.话说晋商[M].北京:中华工商联合出版社,2006.

[11]　梁小民.小民话晋商[M].北京:北京大学出版社,2007.

[12]　寺田隆信.山西商人研究[M].张正明,道丰,孙耀,等译.太原:山西人民出版社,1986.

[13]　李华.明清以来北京工商会馆碑刻选编[M].北京:文物出版社,1980.

[14]　陈其田.山西票庄考略[M].北京:经济管理出版社,2008.

[15]　刘建生,刘鹏生,燕红忠.明清晋商制度变迁研究[M].太原:山西人民出版社,2005.

[16]　卫聚贤.山西票号史[M].太原:三晋出版社,2017.

[17]　张正明.晋商兴衰史[M].太原:山西古籍出版社,1995.

[18]　黄鉴晖.明清山西商人研究[M].太原:山西经济出版社,2002.

[19]　张正明.晋商与经营文化[M].上海:世界图书出版公司,1998.

[20]　孔祥毅.百年金融制度变迁与金融协调[M].北京:中国社会科学出版社,2002.

[21]　王询.文化传统与经济组织[M].大连:东北财经大学出版社,1999.

[22]　葛贤慧.商路漫漫五百年:晋商与传统文化[M].武汉:华中理工大学出版
社,1996.

[23]　黄鉴晖.山西票号史料:增订本[M].太原:山西经济出版社,2002.

[24]　刘建生,刘鹏生.山西近代经济史[M].太原:山西经济出版社,1995.

[25]　张巩德.山西票号综览[M].北京:新华出版社,1996.

[26]　甘德安.中国家族企业研究[M].北京:中国社会科学出版社,2002.

[27]　范勇.中国商脉[M].成都:西南财经大学出版社,1996.

[28]　安介生.山西移民史[M].太原:山西人民出版社,1999.

[29]　李龙潜.明清经济史[M].广州:广东高等教育出版社,1988.

[30]　马涛.儒家传统与现代市场经济[M].上海:复旦大学出版社,2000.

[31]　田际春,刘存善.山西商人的生财之道[M].北京:中国文史出版社,1986.

[32]　姚贤涛,王连娟.中国家族企业:现状、问题与对策[M].北京:企业管理出
版社,2002.

[33]　韦伯.经济与社会[M].林荣远,译.北京:商务印书馆,1998.

[34]　盖尔西克,等.家族企业的繁衍:家庭企业的生命周期[M].贺敏,译.北
京:经济日报出版社,1998.

[35]　巴泽尔.产权的经济分析[M].费方域,段毅才,译.上海:上海人民出版
社,2002.

[36]　诺思.经济史中的结构与变迁[M].陈郁,罗华平,等译.上海:上海人民出
版社,1994.

[37]　孔祥毅.金融贸易史论[M].北京:中国金融出版社,1998.

[38]　孔祥毅,王森.山西票号研究[M].北京:中国财政经济出版社,2002.

[39]　彭信威.中国货币史[M].上海:上海人民出版社,1958.

[40]　中国人民银行山西省分行,山西财经学院.山西票号史料[M].太原:山西
人民出版社,1990.

[41]　董继斌,景占魁.晋商与中国近代金融[M].太原:山西经济出版社,2002.

[42]　刘秋根.明清高利贷资本[M].北京:社会科学文献出版社,2000.

[43]　中国人民政府协商会议内蒙古自治区委员会文史资料研究委员会.旅蒙
商大盛魁[M].呼和浩特:内蒙古人民出版社,1984.

[44]　赵荣达.票号商帮解读[M].北京:知识出版社,2004.

[45] 沈思孝.晋录[M].北京:中华书局,1985.

[46] 周建波.成败晋商[M].北京:机械工业出版社,2007.

[47] 张正明.山西工商业史拾掇[M].太原:山西人民出版社,1987.

[48] 田玉川.正说明清第一商帮:晋商[M].北京:中国工人出版社,2007.

[49] 张正明,邓泉.平遥票商号[M].太原:山西教育出版社,1997.

[50] 孔祥毅.金融票号史论[M].北京:中国金融出版社,2004.

[51] 孔祥毅,张中平,等.中部崛起战略下的山西金融机制创新研究[M].太原:山西经济出版社,2006.

[52] 史若民.票商兴衰史[M].北京:中国经济出版社,1998.

[53] 杨世源.金融风险控制与管理[M].太原:山西经济出版社,1998.

[54] 杨俊青.我国非国有企业人力资源管理战略与二元经济结构转化[M].北京:经济科学出版社,2010.

[55] 邱文选,等.晋国商业文化·晋国巨商猗顿[M].太原:山西人民出版社,2001.

[56] 李华.明清以来北京工商会馆碑刻选编[M].北京:文物出版社,1980.

[57] 陈至立.辞海[M].7版.上海:上海辞书出版社,2020.

[58] 邓之诚.中华二千年史[M].北京:中华书局,1983.

[59] 朱樟.泽州府志[M].太原:山西古籍出版社,2001.

[60] 王世贞.弇州山人四部稿[M].台北:伟文图书出版社,1976.

[61] 薛勇民.走向晋商文化的深处:晋商伦理的当代阐释[M].北京:人民出版社,2013.

[62] 王勇红.明清时期太原帮商人经营的行业[M].太原:山西人民出版社,2009.

[63] 赵俊明.明清晋商赈灾义举及其启示[M].太原:山西人民出版社,2009.

[64] 王春和,魏长林,王胜洲,等.中国民营企业可持续发展研究[M].北京:中国经济出版社,2007.

[65] 莫休.历史上那些巨商们[M].北京:北京航空航天大学出版社,2011.

[66] 张正明,张舒.诚信晋商与信用太原的建设[M].太原:山西人民出版社,2009.

[67] 刘建生.晋商精神传承与新晋商形象塑造[M].太原:山西人民出版社,2009.

[68]　侯海燕.从贸易须知(炳记)看晋商的商业教育[M].太原:山西人民出版社,2009.

二、论文类

[1]　张正明.试论明清晋商文化[J].史学集刊,1997(2):60-63.

[2]　刘建生,燕红忠.论传统文化在商业运营中的作用:以晋商与徽商经营管理比较为例[J].商业文化,2015(5):11-19.

[3]　李媛.晋商文化在现代企业管理中的融合与应用[J].中国管理信息化,2023,26(2):138-140.

[4]　原丽敏.新时代晋商优秀传统文化创造性转化和创新性发展[J].文化产业,2020(30):134-136.

[5]　张喜琴.晋商文化在新时代传播刍议[J].史志学刊,2020(5):32-34.

[6]　胡伟栋.以人为本,传承晋商文化[J].中国商人,2020(11):81-82.

[7]　杜瑞平.晋商文化对山西企业"走出去"的启示[J].中共山西省委党校学报,2020,43(5):125-128.

[8]　郭雅菲,王小琴,张园园.晋商文化中的德育思想及其当代价值[J].文化学刊,2020(7):34-36.

[9]　成芳.晋商文化内涵探析[J].法制与社会,2019(15):245-246.

[10]　毛成刚,梁红岩.浅议明清晋商精神在当代经济生活中的价值[J].山西财经大学学报,2007,29(A1):2.

[11]　邱文选.晋商文化的启示[J].决策与信息,2005(6):54-56.

[12]　梁殊疑.中国抑商传统之溯源[J].中国改革,2005(5):67.

[13]　孔祥毅,张亚兰.山西票号的风险控制及其现实意义[J].金融研究,2005(4):1-11.

[14]　郝汝椿.清代晋商严密的制度独创[J].学习月刊,2006(17):52-54.

[15]　马伟.晋商成功之道[J].文史月刊,2007(9):52-57.

[16]　贾丽平.从晋商文化看晋商的衰败[J].商业时代,2005(14):74-75.

[17]　刘建生,丰若非,冀福俊,等.晋商研究述评[J].山西大学学报,2004(6):30-37.

[18]　郭学军,孔祥毅.解读晋商:孔祥毅教授访谈录[J].企业管理,2001(12):5-22.

[19]　高岳兴.山西票号的"身股"与现代股票期权:两种代理人激励方式的比

较[J].上海经济研究,2003(12):71-76.

[20] 孔祥毅.晋商在会计发展史上的贡献[J].山西财经大学学报,2005(1):116-123.

[21] 孔祥毅.票号的产生及金融创新[J].中国金融,2003(13):58-59.

[22] 孔祥毅,张亚兰.山西票号高效执行力的动力机制[J].广东社会科学,2005(2):35-39.

[23] 杨兰.清代山西票号的激励机制及其对当代银行监管的启示[J].韩山师范学院学报,2003(1):27-32.

[24] 孔祥毅.镖局、标期、标利与中国北方的社会信用[J].金融研究,2004(1):117-125.

[25] 孙秀玲.山西省中小企业融资问题研究[J].经济问题,2006(9):40-41.

[26] 陈博.山西省中小企业筹资对策分析[J].晋中学院学报,2008,25(4):64-67.

[27] 张改枝,李唐.促进资源型地区中小企业转型发展的路径选择:以山西为例[J].经济研究参考,2014(39):68-73.

[28] 封北麟.精准施策缓解企业融资难融资贵问题研究:基于山西、广东、贵州金融机构的调研[J].经济纵横,2020(4):110-120.

[29] 董卫荣.山西省中小企业信用体系建设研究[J].经济师,2010(5):252-253.

[30] 王汉斌,王瑾.山西中小企业人力资源管理模式构建[J].经济师,2009(1):208-209.

[31] 贾宇斌.对山西省中小企业核心竞争力培育和提升的思考[J].山西财经大学学报(高等教育版),2010(2):17.

[32] 牛冲槐,闫紫耀,张永红.中小企业人才共享对技术创新的作用机制研究[J].山西农业大学学报(社会科学版),2011(8):804-809.

[33] 王化成,李勇,许辞寒.山西票号的会计与营业报告制度[J].新理财,2005(1):58-60.

[34] 李凌.山西票号经营中的激励和约束机制探微[J].上海财经大学学报,2005(1):48-53.

[35] 王景泽.17世纪至19世纪中叶东北地区的商人[J].东北师大学报,2003(1):21-29.

[36] 李渭清.山西太谷银钱业之今昔[J].中央银行月报,1937,6(2):185-193.

[37] 左锐.股票期权的理论基础与机理效应研究[J].生产力研究,2006(8):214-215.

[38] 李小娟.晋商的人身股与西方股票期权的比较[J].中国合作经济,2005(4):41-43.

[39] 王军.股票期权:基于代理理论的分析[J].理论导刊,2005(8):27-29.

[40] 郝汝椿.清代晋商严密的制度独创[J].学习月刊,2006(17):52-54.

[41] 张正明.清代晋商的股俸制[J].中国社会经济史研究,1989(1):39-43.

[42] 刘俊,刘建生.从一批晋商契约析清代合伙经营[J].中国社会经济史研究,2014(1):78-84.

[43] 刘蕊,张苏串.企业社会责任在中国的早期雏形:晋商社会责任早期实践的探讨[J].太原大学学报,2008(1):42-44.

[44] 毛钰涵,杨丽."一带一路"倡议背景下我国中小企业发展分析[J].现代商业,2019(31):96-97.

[45] 张国栋.晋商人力资源开发与管理的发掘与借鉴[J].中国人力资源开发,2012(4):93-96.

[46] 崔俊霞.明清晋商"学而优则贾"价值取向探析[J].经济问题,2014(11):20-24.